INTRODUCTION À L'HISTOIRE

LOUIS HALPHEN

TABLE DES MATIÈRES

Avant-propos — v

1. Nécessité De L'histoire — 1
2. Objet De L'histoire — 5

3. VALEUR DU TÉMOIGNAGE HISTORIQUE

I — 11
II — 15
III — 21
IV — 25

4. LA CRITIQUE DES TÉMOIGNAGES ET L'ÉTABLISSEMENT DES FAITS

I — 31
II — 33
III — 36
IV — 39

5. La Coordination Des Faits — 42

6. L'EXPOSÉ DES FAITS

I — 51
II — 55
III — 58
IV — 61
V — 63

VII. Les « Leçons De L'histoire »   65

APPENDICES

1. Les Étapes De La Science Historique   71
2. Les Études De Méthodologie Historique   84

AVANT-PROPOS

On n'a jamais écrit autant de livres d'histoire que de nos jours ; on n'a jamais non plus aussi vivement contesté l'utilité des études historiques. Il est de mode de plaisanter les historiens sur la vanité de leurs efforts et de dénier toute valeur scientifique à leurs travaux. Cette attitude n'est pas nouvelle, mais la qualité de ceux qui, dans ces dernières années, l'ont reprise à leur compte a troublé bien des esprits. Au mieux, les historiens sont traités d'empiriques. On leur reproche d'en être restés à un stade depuis longtemps dépassé dans les autres branches du savoir, et l'on réclame d'eux une plus large et plus saine compréhension des méthodes qui s'imposent à toute science digne de ce nom.

Mon dessein n'est pas de plaider une cause qui se défend d'elle-même ; mais l'occasion m'a paru bonne de procéder à un examen de conscience et de présenter au lecteur que le sujet peut intéresser quelques réflexions propres à mettre en lumière l'objet, la méthode et les possibilités de ce que je ne craindrai pas, pour ma part, d'appeler la science historique.

Ce petit livre, composé, à quelques notes près, loin de toute bibliothèque et d'après des souvenirs dont on voudra bien excuser les défaillances, n'aurait sans doute jamais vu le jour si les circonstances, en m'imposant des loisirs, ne m'avaient amené à faire un retour sur moi-même. On m'excusera de saisir ici l'occasion qui m'est offerte de témoigner ma profonde gratitude à ceux qui, à une heure difficile, m'ont aidé avec tant de cœur et de délicatesse à retrouver dans le travail la force d'espérer.

La Louvesc (Ardèche),
Septembre 1943-septembre 1944.

1. NÉCESSITÉ DE L'HISTOIRE

Il est plus facile de médire de l'histoire que de se passer d'elle. Dans le devenir incessant qu'est notre vie, tout se présente à nous sous l'aspect du successif, au point que, par une confusion instinctive, nous sommes portés à chercher coûte que coûte dans leur succession même l'explication des faits dont nous sommes les témoins. D'instinct aussi nous éprouvons sans cesse le besoin de nous rassurer sur la portée de nos actes en nous référant au passé, et nul argument ne nous frappe davantage que l'existence d'un précédent.

Voilà peut-être ce qui indispose le plus contre l'histoire les hommes épris de nouveauté. Ils voient en elle un instrument de routine et ne lui pardonnent pas de freiner leur goût d'aventures. Mais leurs raisonnements n'y peuvent rien : nous avons besoin de penser dans le continu, parce que c'est dans le continu que nous vivons. Aussi faisons-nous tous plus ou moins de l'histoire, comme M. Jourdain faisait de la prose, et prétendre nous l'interdire serait nous inviter à nous renier nous-mêmes.

Il faut d'ailleurs en finir une fois pour toutes avec cet absurde procès de tendance : l'histoire maîtresse de « réaction » et ennemie du progrès. L'histoire, tout au contraire, enseigne la marche constante en avant, la progression perpétuelle, et si cette dernière expression n'est pas toujours, hélas ! synonyme de progrès, au sens actuel du mot, les historiens sont d'accord avec les moralistes pour le déplorer.

∽

De cette continuité, l'histoire tire tout son prix, puisque, dans la mesure où elle parvient à restituer le passé, elle nous donne la clé du présent et nous permet ainsi d'aviser à l'avenir en connaissance de cause. Sans son secours, le monde où nous vivons serait une énigme. La société qui nous entoure, nos mœurs, nos croyances, notre culture, nos Institutions, les lois qui nous régissent, les cadres politiques auxquels nous sommes accoutumés sont le fruit des siècles qui nous ont précédés ; les faits auxquels nous sommes mêlés en sont la résultante.

Il n'est pas nécessaire d'aller jusqu'en Grande-Bretagne, pays du traditionalisme, pour en être frappé : les peuples les plus novateurs, ceux qui ont cru faire table rase du passé, restent malgré eux et dans tous les domaines les héritiers de leurs ancêtres. Car les révolutions ne sont que des sautes brusques de température ; elles n'interrompent qu'un moment la courbe où vient sans arrêt s'inscrire notre développement historique.

La carte du globe que nos diplomates emploient leur temps à remanier à leur façon se fait en majeure partie sans eux, parce que l'histoire est là pour imposer ses lois. C'est elle qui justifie la présence de tel ou tel peuple en telle ou telle contrée, qui donne les raisons de son affinité avec tels de ses voisins ou de son irréductibilité à tels autres. En nous aidant à dégager les caractères propres de sa formation et de sa culture, elle nous aide du même coup à préciser son orientation et les possibilités qui en découlent.

Or, en cette matière, tout contre-sens historique se paie : il serait temps de nous en rendre compte.

Nécessaire à l'intelligence du présent, l'histoire ne l'est pas moins à la santé de nos esprits. Notre passion de l'absolu a besoin d'un contrepoids, que l'histoire vient fort à propos lui fournir.

L'histoire ne rend pas sceptique, comme on le dit souvent, mais elle est une merveilleuse école de prudence. Aux outrances de la raison, elle oppose le barrage des faits ; à ceux qui croient détenir la panacée qui guérira la société de ses maux, elle rappelle qu'avant de prescrire un traitement, il convient d'examiner attentivement le malade et de s'informer de ses antécédents. Elle enseigne le relatif et, si l'on peut dire, le « conditionné », tous les faits dont elle traite se commandant les uns les autres et réagissant les uns sur les autres. En bref, elle enseigne la vie, dans sa complexité et ses détours, puisque son domaine est précisément l'étude de tout le passé humain dans sa luxuriante diversité.

C'est peut-être de là que vient la méfiance que beaucoup manifestent à son endroit. En ce siècle où triomphent les sciences dites « exactes », toute discipline non réductible en formules paraît relever de la fantaisie.

Qu'on y prenne garde : à céder à ce penchant, nous irions tout droit à un raidissement de l'esprit qui le rendrait impropre aux tâches que la vie lui réserve. Une discipline sensible aux nuances n'est pas par définition étrangère à la science : nous y reviendrons longuement en analysant la méthode même de l'histoire. On verra, nous l'espérons, que, n'en déplaise à certains de nos contemporains, elle présente une rigueur toute scientifique, quoique, à la vérité, très différente de la rigueur formelle des mathématiques.

Et cette diversité même nous paraît un bien, car l'expérience prouve qu'à trop s'exercer dans l'abstrait, notre raison perd quelque chose de ses vertus. Si elle ne nous apprenait qu'à raisonner dans le concret et à faire intervenir dans nos calculs le facteur humain, l'histoire serait déjà amplement justifiée.

∼

A tous ces bienfaits, elle en ajoute un dernier : celui de nous habituer à la variété des types humains. Nous n'avons que trop tendance à tout ramener à nous-mêmes, à nous persuader que notre genre de vie et notre mentalité sont des modèles dont nul ne peut s'écarter sans être dans son tort. Une grande part des malentendus qui surgissent entre les hommes ont leur source dans cette incompréhension mutuelle, qui trop souvent dégénère en intolérance.

Contre de tels penchants, l'histoire est sans doute le meilleur antidote. Nulle discipline ne peut mieux qu'elle ancrer dans nos esprits le sentiment des différences inévitables qui séparent les uns des autres les peuples et les individus au gré des siècles et des conditions d'existence.

Elle ne nous contraint pas seulement ainsi à nous méfier de l'absolu là où il n'a que faire ; elle nous habitue à plus de modestie et d'équité dans nos jugements, en nous ramenant sans cesse à la contemplation d'une humanité essentiellement diverse et en perpétuel renouvellement.

2. OBJET DE L'HISTOIRE

La nécessité et l'intérêt de l'histoire apparaîtraient mieux si l'on se faisait une idée plus claire du but qu'elle poursuit. Bien des livres que leurs auteurs déclarent historiques, sans qu'ils aient grand'chose de commun avec la véritable histoire, tendent à créer une confusion, dont celle-ci n'est pas responsable, mais qui jettent sur elle un fâcheux discrédit. Peut-être ne sera-t-il donc pas inutile de chercher à dissiper l'équivoque.

L'objectif le plus immédiat que se propose l'histoire est de sauver de l'oubli les faits du passé. On a dit qu'elle était la « mémoire de l'humanité », et la définition est juste, quoique restreinte à l'excès ; car collectionner les faits n'est pas une fin en soi. Il n'en est pas moins indispensable de commencer par là, et l'histoire n'y manque pas.

Elle s'efforce donc de rassembler tout ce qui a marqué la vie des peuples auxquels elle s'intéresse. Elle s'emploie à recueillir et classer les événements de tous ordres dont les siècles passés ont été les témoins, prêtant une égale attention aux mœurs et à la civilisation, à la politique et aux conditions sociales, aux faits de guerre et aux œuvres de paix, et ne connaissant à sa curiosité d'autres bornes que celles de notre information. Car, à vouloir d'avance limiter son enquête, elle courrait le risque de laisser échapper l'essentiel.

Aucun détail, aucune particularité ne sont donc écartés à priori. L'idéal étant de parvenir à une connaissance intégrale du passé, on s'en rapprochera d'autant mieux que la collecte sera plus abondante et plus variée.

Celle-ci ne servirait pourtant de rien si l'on devait s'en tenir à une simple nomenclature. Chacun des faits que révèlent les documents, chacun des personnages dont ils nous permettent de retrouver la trace ont eu leur physionomie particulière. Nous ne confondons pas la bataille d'Austerlitz avec celle de Marathon, ni Henri IV avec saint Louis. Connaître le passé n'est pas seulement connaître l'existence de Marathon et d'Austerlitz, de saint Louis et d'Henri IV, mais les connaître comme tels, dans ce qui les a caractérisés et en a fait des réalités distinctes.

Retrouver ces caractéristiques, c'est-à-dire revoir les choses sous leur jour primitif et les gens dans leur ambiance et avec leur mentalité, est donc pour l'historien une obligation à laquelle il ne saurait se dérober sans manquer son but. Des personnages comme Jules César, Louis XI, Cromwell, Napoléon ; des faits comme l'esclavage antique ou le servage, les guerres de religion, la Révolution française, ne sont concevables et n'ont de sens que replacés à leur époque et vus dans l'esprit de cette époque, ce qui suppose chez l'historien la faculté d'oublier son propre temps et son milieu, bien plus : de s'oublier lui-même, de se dépouiller de ses convictions, de ses préjugés, de ses façons de sentir, pour se remettre et nous remettre avec lui directement en face du passé.

Il y faut même ajouter un don de sympathie pour tout ce qui a été senti et pensé par d'autres hommes, dans l'élan de leurs cœurs et la droiture de leurs intelligences, car on ne saurait vraiment parler de compréhension sans le respect de la conscience et de la pensée d'autrui. Un livre où, pour prendre un exemple, les rites religieux des anciens Grecs ou ceux des Égyptiens du temps des Pharaons ne seraient pas évoqués comme doivent l'être des rites qui, durant des générations, ont fait vibrer des âmes et contenté leur soif d'absolu, ne serait pas un livre d'histoire.

Sortir ainsi de soi pour accéder de plain-pied au passé ou, si l'on préfère, recréer en soi, selon le cas, l'état d'esprit d'un contemporain de Périclès, de Charlemagne ou de Louis XIV est la condition même d'une science historique pleinement consciente de ses devoirs. Nous ne dirons pas avec Fénelon que « le bon historien n'est d'aucun temps ni d'aucun pays » ; nous dirons plutôt qu'il est successivement de tous les temps et de tous les pays, puisque le but qu'il vise est de les ressusciter tous l'un après l'autre. Et c'est en ce sens que reste vrai le mot de Michelet : l'histoire est une résurrection.

Qu'entraîné par son tempérament de « visionnaire » et son lyrisme, ce dernier, malgré son génie, ait trop souvent tourné le dos à l'histoire authentique, ce n'est pas une raison pour rejeter sa formule. Elle est juste, si l'on entend par là qu'une des tâches essentielles de l'historien consiste à combler le fossé qui le sépare de chacune des époques dont il traite et à rendre présents à nos esprits d'hommes modernes des temps, des hommes et des civilisations qui ont cessé d'être des réalités.

En se retournant vers le passé, l'histoire toutefois ne cède pas à l'attrait d'une vaine curiosité. Si elle veut le connaître, c'est pour découvrir le secret d'une évolution qui, de l'âge des cavernes jusqu'à nos jours, nous a menés par étapes au point où nous sommes. Entre tous les faits qu'elle sauve de l'oubli, elle cherche donc inlassablement à rétablir les liens qui les a unis dans la réalité et à dégager les raisons qui ont conduit de l'un à l'autre. Son but ultime est de nous fournir une explication, c'est-à-dire de démonter sous nos yeux le mécanisme des causes et des effets d'où à chaque moment est sorti un état nouveau de la société humaine.

Point n'est besoin pour autant de recourir à la méthode d'exposition d'un Montesquieu. L'histoire la moins philosophique d'allure est toujours explicative, puisqu'elle doit de toute nécessité, sous peine de dégénérer en une informe compilation, nous fournir le fil d'Ariane sans lequel nous nous égarerions dans le dédale des faits. Par la manière dont elle les ordonne pour en composer un récit suivi, si simple et si dépouillé de prétentions qu'il soit, elle est donc obligatoirement amenée à les raccorder entre eux, et par conséquent à se prononcer de façon plus ou moins explicite sur leur enchaînement véritable.

En cela, l'histoire ressemble à toutes les sciences d'observation, parmi lesquelles, croyons-nous, il serait logique de la classer au même titre que la paléontologie. Les faits du passé qu'elle vise ne valent que comme témoins des transformations dont elle recherche les modalités et les causes. Mais, s'appliquant à une matière étonnamment complexe et diverse, comme l'est tout ce qui touche à l'homme et à l'esprit humain, elle est, plus que toute autre science sans doute, obligée de tenir compte d'une multiplicité de facteurs et d'un entrecroisement d'influences qui rendent particulièrement malaisé l'établissement de conclusions fermes.

Son objet est pourtant le même : elle n'a atteint le terme de son effort que lorsqu'elle est parvenue à donner à notre esprit les moyens de comprendre le pourquoi du déroulement des faits sur lesquels portent ses observations. C'est par là essentiellement qu'elle mérite d'être rangée au nombre des disciplines indispensables à notre connaissance de l'humanité.

3. VALEUR DU TÉMOIGNAGE HISTORIQUE

Programme bien ambitieux, dira-t-on peut-être, en pensant aux infirmités de cette pauvre « science » fondée sur les données chancelantes de témoignages toujours discutables, et dont les méthodes d'investigation passent pour dénuées de la rigueur sans laquelle il n'est point de discipline scientifique, au sens où nous entendons ces mots aujourd'hui.

Il est certain que les faits n'appartiennent à l'histoire que dans la mesure où ils sont attestés. Des plus grandes révolutions politiques, intellectuelles ou religieuses, des plus grands bouleversements sociaux ou économiques, elle ne sait que ce qui a laissé une trace dans le souvenir des hommes. Peut-on bâtir sur de pareils fondements ?

I

La tentation est forte d'opposer d'emblée aux historiens un *non possumus* catégorique, en excipant de la faible valeur du témoignage humain. L'expérience ne prouve-t-elle pas que, mis en présence des faits les plus simples, et même préalablement invités à redoubler d'attention, des spectateurs, quels qu'ils soient, si on les interroge ensuite sur ce qu'ils ont vu, accusent dans leurs réponses des divergences telles qu'on se prend à douter de leur pouvoir d'observation, et, en tout état de cause, de la netteté de leur mémoire. La brièveté de l'intervalle qui sépare les faits de l'interrogatoire n'y change rien : jamais les dépositions ne concordent entièrement. Comment partir de là pour édifier une science digne de ce nom ?

On peut en effet épiloguer à perte de vue sur les incertitudes du témoignage humain ; mais le scepticisme a ses limites. Si frappantes que soient les divergences qu'on allègue bruyamment, elles portent d'ordinaire beaucoup moins sur la matérialité des faits que sur les circonstances accessoires ; et c'est pourquoi en histoire le menu détail est ce qui nous échappe le plus, n'en déplaise aux amateurs d'anecdotes. Mais, sur l'essentiel, des témoins attentifs, si l'on veut bien ne pas réclamer d'eux des précisions excessives, se trouvent presque toujours d'accord. Le tout est de ne pas trop presser leur témoignage.

Et puis il faut s'entendre sur ce qu'en histoire on désigne par ce mot. La déposition du témoin, de la bouche ou de la plume de qui on recueille l'exposé des faits, n'en est que la moindre part et, nous le concédons, la moins sûre. Tout document, tout monument du passé est réputé pareillement « témoignage », parce qu'il est à sa façon un témoin des temps révolus. Que vaut-il ? Qu'en peut-on tirer ? Voilà la première et la vraie question pour qui aborde l'étude du témoignage historique.

Les témoins les plus directs du passé, ceux dont nul ne discute, ce sont les monuments divers — édifices, œuvres d'art, objets mobiliers et ustensiles — que les fouilles exhument peu à peu ou qui sont encore à notre vue. A leur sujet, un seul problème : sont-ils authentiques sous la forme où ils s'offrent à nous ? Ce point réglé — et nous y reviendrons —, ils constituent des témoins irrécusables des civilisations disparues.

Témoins muets sans doute, mais combien éloquents ! Ou plutôt ils sont le passé même, encore vivant sous nos yeux. Il nous suffit de bien savoir les regarder et les comprendre. Des siècles les plus reculés de l'histoire, que connaîtrions-nous sans eux ? Quelques noms, quelques dates — et encore bien incertaines souvent —, quelques grands faits aussi, mais rien ou presque rien sur les goûts, les mœurs, les croyances.

Qu'on songe à tout ce que nous leur devons sur l'Égypte des Pharaons, sur l'antique Chaldée, sur la Crète minoenne, sur la Grèce archaïque et même sur celle de Périclès, voire sur la Rome des Césars. Car il n'est pas de période historique, si fournie soit-elle en documents d'autre nature, pour laquelle on puisse faire fi de ces restes matériels par quoi elle se survit.

Qu'on songe aussi à l'enseignement des catacombes ; à ce que nous apprennent les trouvailles d'armures et de parures faites dans les tombes « barbares » contemporaines des grandes invasions ; qu'on songe aux sculptures parlantes des vieilles cathédrales, aux ruines de nos châteaux féodaux, aux palais de la Renaissance, à celui de Versailles, plein encore du souvenir de Louis XIV ; à toutes ces peintures enfin — celles des Pays-Bas, par exemple, au temps de la grande splendeur d'Amsterdam, ou celles du XVIIIe siècle français — grâce auxquelles tant de personnages, tant de scènes de leur vie publique ou intime nous sont encore immédiatement accessibles.

Par toutes ces reliques du passé, le contact est aussitôt rétabli avec les plus antiques civilisations du monde ; et, sans remonter si haut, de vieux meubles, de vieux costumes tirés d'une armoire, une vieille gravure de mode, une machine d'un type périmé en disent long, à leur manière, sur la vie d'autrefois. Ce sont là des témoignages qui ne sauraient nous égarer que si nous sommes personnellement incapables d'en tirer parti.

Soit, dira-t-on, mais chacun sait que, sans le soutien du document écrit, l'historien est comme un navigateur sans boussole. Seul le document écrit lui apporte les repères indispensables à l'établissement d'une chronologie, faute de laquelle il n'y a pas d'histoire ; seul il lui fournit l'armature des faits.

Aucun doute sur ce point : une histoire sans textes manque d'assises. Mais la majeure partie des documents sur lesquels elle s'appuie, ceux dont elle ne saurait se passer qu'en désespoir de cause, ce ne sont pas les récits des contemporains, avec leur lourd cortège d'incertitudes et d'erreurs, mais la masse compacte de ceux que, pour faire bref, on peut appeler les documents d'archives, en confondant sous cette désignation à la fois tous les papyrus, les parchemins et les papiers conservés aujourd'hui normalement dans nos dépôts d'archives publiques et privées, et aussi les inscriptions de toute espèce qui dans l'antiquité en tenaient lieu : ces édits, ces ordonnances, ces textes de lois, ces traités de paix, ces concessions de privilèges, ces actes de donation ou de vente, ces sentences judiciaires ou arbitrales, ces pièces de comptabilité ou de correspondance, qui sont, tout comme les monuments humbles ou fastueux que nous venons d'évoquer, d'authentiques témoins du passé, dans lequel ils nous replongent et dont ils nous livrent directement le secret.

II

Ce qui ne veut pas dire qu'ils nous le livrent d'emblée et sans peine ; car rien que le déchiffrement des écritures peut poser des problèmes ardus, pour la solution desquels une pierre de Rosette n'est pas toujours à notre portée. En général toutefois, le déchiffrement n'est qu'affaire d'attention, de patience et de métier. On enseigne à lire les anciennes écritures, comme on le fait pour celles d'aujourd'hui, et il est rare qu'on n'en vienne pas à bout dans des conditions d'absolue sécurité.

Plus que l'écriture, il est vrai, la langue des documents peut constituer elle aussi un obstacle. Lors même que cette langue est la nôtre, elle ne nous est immédiatement et pleinement intelligible que si le document est de date récente, car rien ne change aussi vite et parfois de façon aussi radicale que le sens des mots ou les nuances de pensée que traduit telle ou telle tournure de langage. Ce n'est pas seulement le français de saint Louis ou de Louis XI qui diffère du nôtre : pour être aujourd'hui comprise avec exactitude, la langue d'un Henri IV ou même d'un Louis XIV demande une longue pratique des écrivains de leur temps.

Allons plus loin : on ne saurait arriver à l'intelligence complète d'un document quelconque sans s'être au préalable familiarisé avec les mœurs, les institutions, l'état d'esprit de l'époque à laquelle il appartient — ce qui constitue, il est vrai, une sorte de pétition de principe, mais comme il s'en rencontre au seuil de toute science, où rien ne peut jamais suppléer à l'expérience.

Ni sous ce rapport, d'ailleurs, ni sous celui de la langue, l'obstacle n'est tel qu'il puisse faire douter de l'histoire. On ne peut douter que des audacieux qui, se lançant à l'étourdie et sans préparation sérieuse à l'assaut du passé, croient pouvoir interpréter les documents au gré de leur fantaisie.

On se heurte aux mêmes difficultés et l'on en triomphe pareillement si, des documents d'archives, témoignages spontanés de leur temps, on passe aux récits dus à la plume d'écrivains qui ont consigné par écrit les faits auxquels ils ont assisté, dans l'intention soit d'en garder pour eux-mêmes le souvenir, soit de renseigner leurs contemporains ou la postérité. Mais cette fois, il faut le reconnaître, nous quittons le terrain solide de ce qu'on pourrait appeler les données immédiates du passé pour entrer dans le domaine mouvant du témoignage humain.

Est-ce à dire que l'histoire n'ait rien à en tirer ? Contre une conclusion aussi radicale, nous avons déjà pris position en indiquant sommairement au début de ce chapitre ce qu'on peut espérer, malgré tout, obtenir d'un témoin, pourvu qu'il ait été en situation de bien voir, d'entendre et de comprendre. Qu'il s'agisse d'un narrateur dont nous n'avons plus que l'œuvre écrite ou d'un témoin en chair et en os, de la bouche duquel, pour des époques récentes, nous sommes encore en mesure de recueillir les souvenirs, il n'est pas douteux que nous avons intérêt, tout au contraire, à lui prêter grande attention.

Ni dans l'une ni dans l'autre de ces alternatives, en effet, un historien qui a quelque pratique de son métier ne se trouve désarmé. Il sait non seulement les réserves d'ordre général qui s'imposent en présence d'un témoignage de cette nature, si qualifié que puisse être celui dont il émane, mais les garanties qu'il faut prendre avant d'en faire usage.

Et d'abord s'agit-il d'un véritable témoin ? Souvent il y a doute, et il peut même arriver qu'en toute bonne foi, le narrateur conte, comme s'il y avait assisté en personne, des faits qu'il n'a connus que par autrui. S'il y assistait, était-il capable de les observer distinctement ? N'était-il pas d'avance porté à les déformer, consciemment ou non ? A quand remontent ses souvenirs ? Était-il encore, au moment où il écrivait, sous le coup des événements ? Ou bien des semaines, des mois, des années s'étaient-elles écoulées depuis lors ? Sur tous ces points et tous ceux que l'expérience peut suggérer, une enquête serrée permet dès l'abord de décider dans quelle mesure le témoignage est recevable.

Cette enquête préliminaire, lorsqu'elle est menée comme il sied, fait apparaître non pas seulement les qualités générales du témoin, mais aussi son aptitude à déposer sur telle ou telle catégorie de faits, voire sur tel ou tel fait particulier. Bien placé pour observer les événements militaires de la quatrième croisade, Villehardouin cesse d'être un informateur direct pour tout ce qui touche aux négociations diplomatiques ; d'un prix inestimable sur la personnalité de Louis XI, le témoignage de Commynes, qui a vécu dans l'intimité du roi de France, n'est qu'un écho quand il s'agit, par exemple, des affaires intérieures de la Castille ou de l'Angleterre, où il n'a fait que de brèves apparitions. Des constatations de ce genre dictent l'attitude à adopter en face de leurs récits : en aucune circonstance sans doute, on ne les croira sur parole, mais le domaine des faits sur lesquels ils peuvent utilement témoigner étant délimité avec netteté, on n'accueillera leurs propos, quand ils se permettent d'en sortir, qu'avec un surcroît de précautions.

La forme même donnée par le narrateur à son exposé constitue enfin un important élément d'appréciation, qu'un historien averti n'a garde de négliger. Plutôt qu'au récit mûri à loisir, mais souvent complété à l'aide de renseignements venus du dehors, sa préférence va, le cas échéant, aux notes rapides où le témoin a consigné d'abord ses observations jour après jour. Dans leur spontanéité primesautière, elles ont sur une rédaction plus étudiée et plus cohérente l'avantage d'une sincérité et d'une fraîcheur d'impressions qui en doublent le prix. De même, en cas de déposition orale, le récit improvisé est toujours préférable à celui dont l'auteur a pu soigneusement peser les termes et calculer les effets.

Mais, ceci dit, quel est l'enquêteur qui prendrait sur lui de tenir pour nulle et non avenue la seconde forme d'exposé ? Qui n'en voit même, à certains égards, les avantages : ceux que vaut à un témoin consciencieux l'effort nouveau de mémoire et de réflexion auquel il s'astreint au moment de donner à ses souvenirs leur expression définitive ? S'il a mesuré comme il sied les risques d'une confiance trop prompte, l'historien saura toujours retenir du témoignage, tel qu'il s'offre à lui, les enseignements qu'il paraît comporter, en se réservant de l'éprouver par une confrontation attentive avec les autres témoignages du temps.

C'est là une question de méthode et de prudence. Si les assises solides de l'histoire sont les documents et les monuments où l'on surprend encore la vie du passé, sans que nul s'interpose entre lui et nous, le récit du chroniqueur ou du mémorialiste y ajoute un complément d'autant plus précieux que le narrateur a su mieux voir et rapporter les faits auxquels il a assisté et souvent pris part. A nous de nous prémunir contre les insuffisances de son observation ou de son jugement, les défaillances de sa mémoire, ses erreurs, ses partis pris ; à nous de faire et de marquer la différence entre les lumières relatives que nous lui devons et les certitudes que nous procurent les documents irrécusables du premier type.

~

Ici pourtant un aveu s'impose. Il arrive à mainte reprise en histoire qu'on hésite à écarter le témoignage d'un auteur qui ne parle visiblement que sur la foi d'autrui.

Point de doute qu'à procéder ainsi, on accroît dans des proportions inquiétantes les risques d'erreur. Si l'on décide néanmoins de courir l'aventure, c'est d'abord qu'il est des périodes historiques pour lesquelles nous disposons d'un nombre trop restreint de témoignages directs pour que nous ne nous penchions pas avec un soin jaloux sur la moindre trace du passé, même quand elle est à demi effacée ; c'est aussi et surtout que, si défigurés qu'ils puissent être par des transmissions successives, les faits dont un chroniqueur a eu connaissance par autrui n'en sont pas moins des faits, qu'il serait arbitraire de rejeter sans contrôle.

Allons-nous, par exemple, supprimer d'un trait de plume une grande partie de l'œuvre de Tite Live ou les premiers livres de l'*Histoire des Francs* de Grégoire de Tours, pour cette seule raison qu'ils y parlent de choses qui ne sont pas de leur temps ? Il est vrai que la légende s'y mêle à l'histoire, que la vérité y est parfois tellement obscurcie qu'on a peine à en discerner les contours ; mais que de pages aussi où elle transparaît avec netteté ! Que de récits dont la source est indiquée ou se laisse deviner ! Les écarterons-nous sans autre forme de procès ?

Encore sont-ce là des cas limites. Mais, pour en prendre de plus courants, allons-nous opposer une fin de non-recevoir systématique à un Villehardouin ou à un Commynes chaque fois qu'ils nous entretiennent, comme nous l'avons dit, d'événements qu'ils n'ont pas connus par eux-mêmes ? N'avaient-ils pas eux aussi leurs informateurs ? Il nous appartient de décider jusqu'à quel point ceux-ci méritaient créance et de refaire à travers le texte des deux chroniqueurs la critique des témoignages dont ils n'ont été que des échos.

Tâche, certes, plus délicate encore que lorsque nous avons le témoin lui-même en face de nous ; mais de quel droit irions-nous l'éluder ou d'avance la déclarer vaine ? Il est bon seulement de se souvenir que, si bien conduites soient-elles, ces opérations critiques ainsi multipliées accroissent d'autant la marge d'erreur que, comme tout savant, l'historien doit accepter dans ses calculs. Mais lui arrive-t-il de se tromper, il peut espérer que d'autres viendront après lui, qui, plus habiles ou mieux informés, seront en état de rectifier son jugement.

III

Dans sa soif de tout connaître du passé, l'historien n'hésite même pas à se reporter aux œuvres d'écrivains qui, délibérément, nous entraînent à leur suite en pleine fiction : romanciers, conteurs, dramaturges, poètes, dont l'unique propos est de divertir ou de charmer leurs contemporains. Certes, dans la mesure où il ne sont que fictions, le roman, le conte, la comédie, le poème, ne peuvent rien nous apprendre de positif, sinon sur les goûts littéraires du temps qui les a vu naître ; mais ce que leurs auteurs, consciemment ou à leur insu, y ont mis de réalité suffit à en faire des témoignages, parfois révélateurs, des mœurs, des croyances, voire des institutions de leur époque.

Qu'il use de la prose ou des vers, c'est en effet au milieu qui l'entoure que l'écrivain emprunte le plus souvent le cadre où il replace ses personnages et jusqu'aux traits mêmes qu'il leur prête. Hormis le cas des « reconstitutions historiques » auxquelles certains romanciers se complaisent et où ils s'ingénient à répudier le présent, les auteurs des fictions les plus réussies laissent toujours transparaître le réel à travers les broderies de leur imagination. Un Girard de Roussillon, un Garin le Lorrain ne correspondent à aucun type de baron du XIIe siècle, et les poètes d'alors qui nous ont conté leurs exploits ont même tout fait pour nous dérouter en les replaçant hors de leur propre temps ; mais où trouver une image plus saisissante de la vie féodale à l'époque de Philippe Auguste ?

Qu'ils n'aient visé par leurs inventions qu'à égayer leur public, quels merveilleux évocateurs du peuple de France au XIIIe et au XIVe siècle n'en sont pas moins les auteurs de tous les fabliaux, de toutes les comédies de mœurs dont notre littérature s'enrichit alors et sans lesquels notre connaissance de la société médiévale serait bien incomplète ! Et que de traits caractéristiques nous devons à un Aristophane ou un Plaute, un Molière ou un Beaumarchais, un Chaucer, un Boccace ou un Cervantès, un Balzac, un Dickens ou un Tolstoï, et à une foule d'autres écrivains, illustres ou obscurs, qui, dans les genres les plus divers et avec des talents inégaux, ont mêlé à leurs inventions tant d'éléments empruntés à la réalité quotidienne !

Le danger — faut-il le souligner ? — est la difficulté où l'on se trouve toujours de distinguer nettement le réel du fictif dans des œuvres dont la fantaisie est la grande règle, lors même que leurs auteurs se prétendent de purs « réalistes ». Aussi nul témoignage ne doit-il être accueilli avec plus de réserves ; et jamais le talent de l'écrivain, qui sait donner un accent de vérité aux détails les moins vraisemblables, ne doit en imposer. Négligeant la séduction que son œuvre exerce, il faut avoir le courage de la traiter avec le même détachement, la même froide rigueur qu'un dossier d'archives ; il faut prendre le parti de la disséquer avec une critique d'autant plus impitoyable que l'œuvre elle-même procède d'un art plus accompli.

Mais, ces précautions prises, il faut savoir n'en pas perdre les enseignements et, par une analyse attentive, s'appliquer, à la lumière des autres documents contemporains, à en extraire la substance historique. La preuve est faite qu'à la condition d'user de méthode et de discernement, on peut en retirer grand profit : le livre d'Achille Luchaire sur la *Société française au temps de Philippe Auguste* l'atteste éloquemment.

L'historien n'écarte pas non plus le témoignage d'écrivains qui, tout en affichant, pour leur part, leur dessein de peindre le réel, n'en retiennent systématiquement qu'un des aspects : celui qui est à leur convenance, les uns — panégyristes, hagiographes, avocats, — s'employant à ne montrer que le beau côté des choses et des gens, les autres — satiristes, pamphlétaires, sermonnaires, — par une tendance inverse, à n'en montrer que les tares.

Et cependant c'est bien du réel qu'ils partent tous, et c'est lui qu'ils nous livrent. Leurs affirmations contradictoires ne sont ni plus ni moins une image de la vérité que les dossiers à charge et à décharge que manie quotidiennement le magistrat instructeur. Et, après tout, ne pourrait-on soutenir que le parti pris d'éloge ou de blâme dont, ni d'un côté ni de l'autre, on ne se cache d'ordinaire, est une manière de garantie, en ce sens que nous sommes dès l'abord avertis du caractère unilatéral et en quelque sorte limitatif du témoignage et, partant, mieux en mesure d'en définir la portée ?

Peu de panégyristes ou de satiristes, il est vrai, savent résister à la tentation de forcer le réel jusqu'à l'idéalisation ou la caricature. Mais, connaissant la loi du genre, nous serions impardonnables de nous laisser entraîner à leur suite. Les exagérations du témoin doivent suffire dans ce cas à nous mettre en garde et à aiguiller notre critique.

Nous sommes toutefois ici à la limite : car, entre le narrateur qui donne à la vérité le coup de pouce nécessaire pour l'adapter à ses vues et celui qui invente de toutes pièces, l'écart n'est pas grand. Nous songeons en particulier à ces mémorialistes hâbleurs — ils sont légion — qui affirment effrontément s'être trouvés partout où quelque événement notable se déroulait, y avoir même joué un rôle personnel, souvent un rôle décisif, et qui nous content par le menu, avec des précisions imaginaires, des faits qui se sont passés hors de leur présence.

Contre de tels pièges que leur mauvaise foi tend à notre crédulité, il est rare heureusement que nous soyons tout à fait désarmés, et l'expérience prouve qu'avec un peu d'attention et de sagacité, il est d'ordinaire possible de percer à jour leur supercherie en appliquant à leurs récits les procédés normaux de contrôle et de critique. Des études comme celle de Pierre Conard sur les *Mémoires* du général Marbot montrent excellemment les moyens dont nous disposons pour réduire leurs vantardises à néant.

IV

Mais comment nous défendre avec efficacité contre le risque majeur : celui que constitue, non plus seulement le faux témoignage, mais le faux tout court ? Tant d'historiens, et parmi eux des historiens illustres, ont manqué sur ce point de clairvoyance, que toute l'histoire finit, aux yeux de beaucoup, par être frappée de suspicion.

Il est de fait que les ravages causés par l'imposture dans le camp des historiens ont de tout temps été grands : faux parchemins, faux papiers, faux mémoires, fausses inscriptions, faux monuments archéologiques pullulent, et il n'est pas toujours commode de résister à l'entraînement qui nous les fait un peu vite accepter comme d'authentiques preuves à l'appui de nos inductions. On se souvient des belles reconstructions « historiques » auxquelles les prétendues « trouvailles » de Glozel ont, il y a quelques années, fourni une abondante matière ; et longue serait, pour toutes les périodes de l'histoire, la liste des références à des documents faux ou falsifiés qui encombrent les notes de livres justement réputés. Mais qu'en tirer, sinon une invite à redoubler de circonspection et à n'admettre un témoignage qu'après l'avoir soigneusement éprouvé ?

On a toujours fabriqué, et l'on continuera à fabriquer de fausses « tiares de Saïtapharnès » ou de fausses poteries préhistoriques tant qu'il y aura de par le monde des amateurs d'antiquités assez naïfs pour s'y laisser prendre ; l'industrie des fabricants de fausses pièces d'archives, de faux autographes, de faux « souvenirs historiques » ne date pas d'aujourd'hui, et elle a chance, elle aussi, de se perpétuer tant qu'il y aura des intérêts à défendre et des dupes à faire. De siècle en siècle, les faussaires ont rivalisé d'ingéniosité pour égarer l'opinion, et l'histoire de leurs inventions remplirait des bibliothèques. Nous voilà donc dûment avertis des précautions à prendre.

Aussi la première tâche de l'historien consiste-t-elle à s'assurer par tous les moyens en son pouvoir de l'authenticité des documents ou monuments du passé qu'il a pu réunir. Que l'opération soit souvent délicate ; qu'à l'ingéniosité du faussaire il faille opposer une ingéniosité supérieure, pour réussir à dépister sa fraude ; qu'on puisse rarement se contenter, pour parvenir au but, de critères purement extérieurs, tels que la provenance du document, la qualité du parchemin ou du papier, la nature de l'encre, l'aspect de l'écriture, celui des signatures et des empreintes de sceaux ou de cachets, s'il s'agit de pièces manuscrites, ou les conditions de la trouvaille, l'analyse des matériaux employés et la technique de la fabrication, s'il s'agit de monuments ou de menus objets, tout cela est certain ; et c'est ce qui explique les erreurs commises en cette matière par d'excellents esprits. Mais leurs erreurs ne représentent rien de plus qu'un retard dans l'établissement de la vérité. Car le faux finit par être décelé, et souvent par ceux-là même qui en ont d'abord été victimes.

De tout ce qui précède ressort, certes, une grande leçon de prudence ; mais ce n'est pas la valeur du témoignage historique qui est en question : c'est la sagacité de l'historien. S'il se laisse tromper, c'est à lui, non aux documents, qu'il faut s'en prendre.

Les difficultés auxquelles il se heurte, rien que pour les interpréter correctement et en apprécier la portée, nous avertissent dès l'abord que la science à laquelle il s'adonne réclame une forte préparation et des qualités d'esprit analogues à celles que nécessite la pratique des autres disciplines scientifiques ; et c'est sans doute parce que de tout temps trop de gens ont cru pouvoir s'improviser historiens, sans se donner la peine d'en apprendre le métier, que l'histoire passe aux yeux de beaucoup pour un exercice vain et stérile.

4. LA CRITIQUE DES TÉMOIGNAGES ET L'ÉTABLISSEMENT DES FAITS

Mais comment voir clair au milieu de tant de témoignages discordants et comment, de la combinaison d'éléments aussi disparates, espérer faire sortir la vérité ? Les historiens ne sont-ils pas dupes d'eux-mêmes et ne sommes-nous point leurs dupes, à notre tour, quand ils nous offrent, après lecture des documents, une version des faits qui ne correspond en général strictement à aucun des témoignages allégués et qui, empruntant à tous, risque de ne pas mériter plus de crédit que n'importe lequel d'entre eux ?

I

Nul peut-être, sur ce point, n'a été aussi loin dans la voie du scepticisme qu'un de nos érudits les plus éminents, Ch.-V. Langlois, dont toute l'ambition dans les dernières années d'une féconde et brillante carrière, se limita volontairement à la mise en valeur de textes significatifs, auxquels il s'interdisait de rien ajouter, dont il se défendait même de rien vouloir conclure, de peur de substituer ses vues propres au témoignage des contemporains. Ses quatre volumes sur la *Vie en France au moyen âge* montrent jusqu'où peut aller cet effacement systématique de l'historien devant les documents. Il y donne successivement la parole à quelques romanciers, quelques moralistes, quelques encyclopédistes, quelques penseurs des XIIe, XIIIe et XIVe siècles, retient de leurs écrits, analysés un à un, les traits propres à illustrer une histoire de la société féodale, puis nous laisse le soin de les compléter et de les concilier.

Tels quels, ces quatre volumes, qui prétendaient inaugurer une méthode nouvelle, ont rendu le grand service de permettre à beaucoup de lecteurs de se familiariser avec un certain nombre d'œuvres littéraires fort goûtées dans les milieux seigneuriaux au temps de saint Louis et de ses premiers successeurs, et d'entrer ainsi en contact direct avec la mentalité médiévale. Mais comment soutenir sans paradoxe qu'un petit groupe de textes, dont le choix ne peut qu'être arbitraire, nous rapproche plus sûrement de la vérité qu'une confrontation méthodique de tous les témoignages parvenus jusqu'à nous ?

Au lecteur, ajoutait d'ailleurs Ch.-V. Langlois, de faire lui-même, s'il le juge bon, les rapprochements utiles et de se reconstruire, en s'inspirant des textes analysés, un passé à sa convenance — ce qui était, par un détour, reconnaître la légitimité de l'opération, tout en l'abandonnant au caprice du premier venu. Que penserait-on d'un biologiste qui, obéissant au même scrupule, s'interdirait pareillement de rapprocher et d'interpréter les données successives de ses observations et de ses expériences pour laisser ce soin aux incompétents ? Cette démission du savant à l'heure où s'impose à lui la nécessité de conclure dénote un tel manque de confiance dans la vertu de la raison qu'elle équivaudrait, si elle était autre chose qu'une boutade de désabusé, à la négation non seulement de l'histoire, mais de toutes les sciences, quelles qu'elles soient.

Confronter les témoignages pour tenter d'en faire jaillir la vérité n'est pas plus un jeu lorsqu'il s'agit d'événements historiques que lorsqu'il s'agit d'événements actuels, sur lesquels, par exemple, un juge d'instruction est appelé à se prononcer. C'est, une fois encore, affaire de savoir, de sagacité et de méthode ; et, s'il arrive souvent, il est vrai, que manquent les éléments d'une certitude, le doute auquel on aboutit cesse d'être le doute de principe et stérilisant du sceptique, pour se transformer en un doute raisonné, applicable à tel ou tel cas particulier, comme il est de règle dans toutes les sciences. Loin de conduire au renoncement, il marque alors fréquemment une étape féconde dans la conquête de la vérité.

II

Dans la pratique, au reste, la plupart des faits ressortent avec une clarté suffisante du simple rapprochement des témoignages recueillis, pourvu que le dossier en ait été établi avec soin.

Sans doute n'est-ce pas de la seule diligence de l'historien que dépend la valeur probatoire de ce dossier : il est des périodes de l'histoire pour lesquelles la pénurie des documents conservés est telle que l'enquête la mieux menée ne permet d'aboutir qu'à une maigre récolte. Il arrive même que certains faits ne soient attestés que par un seul texte, un seul monument, ce qui, en toute rigueur, devrait interdire de conclure, en vertu de l'adage *testis unus, testis nullus.* Mais ce sont précisément des cas de ce genre qui justifient le doute raisonné dont nous parlions.

Quand le faisceau de preuves réunies est insuffisant ou lorsqu'un fait n'a d'autre garant qu'un seul témoin, si sérieux soit-il, la prudence commande donc à l'historien d'entourer ses affirmations de réserves assez nettes pour que nul ne puisse se méprendre sur leur caractère provisoire. Dans les cas normaux, au contraire, surtout quand il s'agit des temps modernes ou même des derniers siècles du moyen âge, il est possible pour chaque fait de constituer un dossier qui emporte la conviction ; et c'est à cette tâche que l'historien doit s'employer dès l'abord.

∼

Travail délicat et compliqué, qui suppose beaucoup de patience et une méthode très sûre. Car les témoignages, comme bien on pense, ne sont pas toujours faciles à réunir, et ce n'est pas en furetant à l'aventure qu'on les rencontre d'ordinaire : s'il y a en histoire, comme en toute science, des hasards heureux qui mettent sur la piste d'une découverte, ils sont rares et ne sauraient jamais dispenser d'une recherche méthodique, conduite selon des principes exactement définis.

Dans les conditions normales, les documents du passé, en effet, ne gisent pas pêle-mêle dans les archives, les bibliothèques, les collections et les musées, sur le sol ou dans les entrailles de la terre. Ils s'y sont en quelque sorte déposés par strates successives dans un ordre conforme au déroulement même de l'histoire, si bien qu'il est, en règle générale, possible encore aujourd'hui de les retrouver à leur place logique.

Sur telle institution, telle série d'événements, tel incident, un historien instruit de son métier peut ainsi d'avance connaître les fonds d'archives, les liasses de lettres, les dossiers de justice ou de police, pour ne prendre que quelques exemples, où il est en principe assuré de rencontrer ce qu'il cherche. Son enquête peut l'entraîner à bien des voyages, de dépôts en dépôts, de bibliothèques en bibliothèques, à travers son pays ou à travers le monde ; il peut être amené à courir de Paris à Rome, de Rome à Barcelone ou à Simancas, à Londres, Berlin, Vienne, Washington... Mais ce n'est pas sa fantaisie qui le pousse : il va là où il y a lieu de prévoir que reposent encore les documents désirés.

Ceux-ci, comme il arrive parfois, surtout quand il s'agit de périodes anciennes, manquent-ils à l'appel, parce qu'ils ont été détournés de leur place normale, on peut d'ordinaire supputer la direction qu'ils ont prise, les dossiers, les collections où, selon toute vraisemblance, ils ont dû aller échouer : parmi les pièces réunies en vue de tel procès ou de telle démarche ; parmi les papiers de tel homme d'État, de tel homme de loi, de tel érudit ; confondus avec des documents similaires de telle autre institution ou de telle autre collectivité, etc. L'enquête, ainsi, repart sur de nouvelles pistes.

Et si, par malchance, les documents escomptés ont disparu, c'est encore à la sagacité de l'historien d'en découvrir, autant que possible, l'équivalent ou la contre-partie : par exemple, la comptabilité des bénéficiaires d'une série de paiements ; à défaut du compte des dépenses engagées par telle ou telle administration ; un lot de papiers de famille, à défaut des registres publics de l'état civil ; les archives diplomatiques de l'étranger, à défaut de celles du pays intéressé, etc.

D'une façon générale, la conduite d'une enquête historique exige à tout moment des qualités d'esprit et une expérience qui, sous réserve des aléas inévitables en pareille matière, en font une opération de caractère réellement scientifique. Une hâte intempestive, la moindre négligence en compromettrait les résultats. Ce n'est qu'après avoir fait méthodiquement le tour de tous les dépôts publics ou privés où il doit s'attendre en bonne logique à recueillir les témoignages utiles ; qu'après avoir visité les champs de fouilles, les collections et les musées dont il peut espérer le secours ; « dépouillé », comme on dit, tous les recueils manuscrits ou imprimés en rapport avec son sujet et consulté avec attention les récits de tous les chroniqueurs ou mémorialistes en situation de le renseigner, que l'historien peut légitimement clore ses dossiers.

Il dispose alors de toutes les données matérielles existantes sur les questions à résoudre : le travail de confrontation des témoignages peut commencer.

III

Nous touchons là au nœud du problème. Car, si l'on conteste la valeur scientifique des combinaisons de témoignages auxquelles recourent les historiens, c'est surtout parce qu'on les croit arbitraires.

Elles ne le sont que chez ceux qui ne connaissent pas leur métier, chez ces compilateurs qui bornent leur ambition à l'assemblage d'un paquet de fiches, ou chez ces « amateurs » qui croient faire œuvre historique quand ils ont en effet grapillé parmi les témoignages ceux qui sont à leur convenance, soit pour des raisons sentimentales ou idéologiques, soit pour leur pittoresque, soit même à cause d'un prétendu « accent de vérité » qu'ils seraient bien en peine de définir. Qu'on puisse en procédant selon cette dernière « méthode » écrire des livres agréables et que de tels livres finissent, en captant l'attention du public, par donner l'illusion que l'art d'utiliser les documents relève d'une technique étrangère à la science, l'histoire véritable n'en peut mais.

Entre les témoignages qui la sollicitent, celle-ci s'applique, pour sa part, à faire un choix rationnel, en évitant, dans toute la mesure du possible, de se payer de mots ou de se laisser entraîner par des considérations extra-scientifiques. Chaque témoignage est d'abord pesé en lui-même, selon les principes généraux indiqués au cours du chapitre précédent, c'est-à-dire eu égard à sa nature, à sa date, à la qualité de l'information qu'il représente ; puis il est éprouvé à la lumière des autres témoignages recueillis.

Car, si bien placé qu'ait été un témoin, si assurés que puissent paraître les renseignements fournis par une pièce d'archives ou un monument archéologique, quelque péremptoires que soient à première vue les assertions d'un document officiel, il est pour l'historien une règle dont il ne s'écarte qu'à son corps défendant : ne jamais tenir un témoignage pour décisif que s'il est confirmé par ailleurs.

Seule l'observation stricte de cette règle permet d'éviter les erreurs auxquelles menacent de conduire les trop nombreuses fautes de transcription ou même de rédaction qui se glissent jusque dans les actes publics ; seule elle permet de déceler les altérations qu'un texte ou un monument ont souvent subies au cours des temps ; seule elle permet de remédier aux défaillances d'attention ou de mémoire auxquelles nul témoin n'échappe. Et lorsque l'historien se voit, par suite de la pénurie de documents, privé de ce moyen de contrôle, il sait et doit avoir l'honnêteté élémentaire de souligner le caractère incertain, de ses conclusions.

Quand, pour chaque fait, tous les témoignages réunis ont été ainsi éprouvés, ils sont classés méthodiquement, compte tenu non seulement de leur qualité, mais aussi de leur concordance ou de leur discordance. Le nombre de ceux qui figurent dans chaque catégorie importe évidemment beaucoup moins que leur valeur propre, une version erronée des faits pouvant rencontrer plus de crédit que la version authentique, et, d'autre part, l'identité des détails donnés n'étant probante que s'il s'agit bien de témoignages indépendants les uns des autres.

Il arrive trop souvent que des historiens se laissent un peu vite impressionner par des coïncidences dues à la répétition pure et simple d'une même assertion, parfois légendaire, ou d'un même texte reproduit plus ou moins littéralement. Et nos sceptiques de railler aussitôt la naïveté de ces prétendus hommes de science à qui l'on jette aussi aisément de la poudre aux yeux ! En réalité, ne tombent dans le piège que les historiens dont le sens critique est mal aiguisé. Les autres savent faire le départ entre les témoignages originaux et ceux qui n'en sont que des copies ou des répliques négligeables : il suffit d'un peu de prudence et de perspicacité pour y parvenir sans trop de peine, lorsque l'examen intrinsèque de chaque document a été fait lui-même d'abord avec soin et qu'on est fixé sur la date et les circonstances où il a été composé.

Le dossier des témoignages se simplifie alors : ne restent plus en présence que les diverses catégories de ceux qui réellement comptent, et qui représentent eux-mêmes les diverses versions originales des faits qu'on se propose d'établir. Ces versions sont confrontées, et entre elles le choix s'opère en raison directe de l'autorité qui s'attache pour chaque fait particulier aux dires des témoins qui en sont les garants.

Si l'une d'elles a la garantie simultanée de tous les témoignages autorisés et vraiment indépendants les uns des autres, on aboutit à une certitude, à cette seule et ultime condition que le nombre et la diversité des informateurs soit de nature à dissiper toute équivoque. Autrement, on ne saurait parler que de vraisemblances, qu'il appartient à l'historien de doser, avant d'en faire état.

IV

C'est seulement quand tous les témoignages ont été classés et éprouvés comme nous venons de le dire, que le moment vient enfin de conclure. L'établissement du moindre fait suppose ainsi un long et minutieux travail, conduit selon une méthode qui exclut au maximum l'arbitraire, sans cependant dégénérer jamais en un procédé mécanique.

Sur la matérialité du fait, les témoignages s'accordent la plupart du temps. Il n'en va pas toujours de même pour la date : il arrive que l'année, le jour, l'heure varient à tel point qu'il est difficile de discerner la vérité parmi les contradictions. De là des divergences, parfois importantes, entre les conclusions des historiens, surtout quand ils traitent de périodes très anciennes, où les écarts peuvent, dans les cas extrêmes (pour l'histoire de l'Orient entre autres), se chiffrer par siècles. Mais il s'agit alors presque toujours de conclusions fondées sur des données purement archéologiques ; incapables par elles-mêmes de fournir une base chronologique solide, ou sur un échafaudage de vraisemblances, qui ne peuvent mener, cela va de soi, qu'à d'autres vraisemblances.

Dans les cas normaux, les écarts de dates tiennent à des erreurs matérielles, qu'il est habituellement en notre pouvoir de dépister et de rectifier : par exemple, une fausse date d'année portée par un scribe distrait, soit de façon accidentelle, soit de façon continue, sur toute une série de pièces dont la rédaction ou la transcription lui a été confiée. (On en a des exemples nombreux, même pour des administrations aussi bien organisées que la chancellerie pontificale au moyen âge.) Si l'erreur est répétée, elle se dénonce d'elle-même ; si elle est isolée, la confrontation de la pièce fautive avec les autres documents relatifs au même fait suffit presque toujours à l'éliminer.

Le manque de précision d'un témoin, l'inexactitude de son information ou de ses souvenirs sont d'autres causes de divergences dont on triomphe d'habitude assez aisément par une confrontation aussi méthodique des assertions en présence. On tient compte alors non plus seulement de la valeur générale des divers témoins, mais aussi et surtout de leurs qualités particulières d'exactitude chronologique.

Il peut arriver enfin que les divergences ne soient qu'apparentes et s'expliquent par le recours à des modes de comput différents, par exemple dans le calcul de l'année ou du mois, ou dans la notation des heures : une étude portant sur l'ensemble des textes auquel celui qu'on examine appartient doit permettre de le déceler rapidement.

En toute hypothèse, constatons à nouveau qu'aucune place n'est laissée au hasard ni à la fantaisie dans ces opérations critiques, qui supposent parfois une certaine ingéniosité, mais surtout et toujours cette fermeté de jugement dont un historien ne devrait jamais se départir.

C'est sur les circonstances où un fait s'est déroulé que les divergences sont communément le plus marquées, et ce que nous avons dit précédemment des imperfections du témoignage humain en donne la raison. L'incapacité des témoins à bien observer, l'infidélité de leurs souvenirs, leur tendance invincible à substituer de fausses précisions à leurs incertitudes sont choses trop connues pour qu'il soit utile d'y revenir. Aussi doit-on ici redoubler de prudence et ne tenir pour acquis que les points sur lesquels l'accord des documents ne laisse place à aucune hésitation. Dans les reproches adressés aux historiens, il en est un auxquels trop d'entre eux s'exposent : celui d'une complaisance naïve pour une foule de détails qui flattent leur imagination et pour un « pittoresque » de pacotille.

Mais si un tri sévère des documents et la recherche attentive du détail solidement attesté par des témoignages irrécusables conduisent à rejeter ou tenir pour douteuses, voire pour suspectes, quantité d'anecdotes qui encombrent l'histoire, il reste presque toujours encore, même pour les époques les moins bien fournies en documents, un ensemble de faits assez bien connus pour qu'on en puisse dégager le sens et la portée, c'est-à-dire en faire l'objet d'une science véritable.

5. LA COORDINATION DES FAITS

Ici, il est vrai, se présente le problème délicat des moyens dont l'histoire dispose pour rétablir l'enchaînement des faits révélés par les documents.

Contrairement à ce qui se passe dans la plupart des sciences d'observation, l'historien ne peut reproduire à sa guise les faits en cours d'examen ni contrôler par l'expérimentation le bien-fondé de ses premières inductions. Mais en doit-on conclure, avec certains critiques, que les séries bien agencées de causes et d'effets qu'il nous présente ne sont que de simples vues de son esprit ?

Il est rare, observons-le d'abord, que l'enchaînement des faits ne ressorte pas, en partie au moins, des documents eux-mêmes, et souvent avec une grande netteté.

Comme il est naturel, ceux de ces documents que, pour simplifier, nous avons appelés documents d'archives, même quand ils ne sont pas effectivement conservés dans des dépôts d'archives — actes officiels, contrats publics ou privés, pièces de comptabilité, etc., qui sont tous au même degré des témoignages directs de la vie du passé, — sont de beaucoup les plus décisifs, puisque, rédigés à l'usage des contemporains et pour des fins étrangères à l'histoire, ils risquent moins que d'autres d'avoir « organisé » les événements au gré de ces vues arbitraires qu'on prête aux historiens.

Or les dispositions qu'ils renferment, et qu'ils ont en général pour objet de notifier, sont presque toujours accompagnées ou précédées de considérants propres à mettre en lumière la suite logique des faits dont ils sont l'aboutissement. Le moindre acte de vente, de donation ou d'échange, la moindre sentence arbitrale ou judiciaire, la moindre décision de l'autorité publique comporte des rappels de ce genre, qui sont un véritable historique, auquel il n'y a rien à reprendre, sauf peut-être une certaine propension à justifier coûte que coûte les mesures adoptées.

Les exposés de motifs des lois, édits, arrêtés, ordonnances, sont, sous ce rapport, une source précieuse entre toutes de renseignements, d'ordinaire très sûrs, touchant l'histoire politique et administrative du pays que ces documents concernent. Obligé de remonter constamment des effets aux causes pour expliquer les décisions prises, le législateur, quel qu'il soit, se trouve du même coup nous fournir un fil conducteur, qui a toutes chances de nous mener droit au but.

Que d'enseignements aussi à retenir des plaintes formulées par les administrés et de leurs vœux, tels qu'ils sont consignés, entre autres, dans les « rouleaux de doléances » des provinces et bailliages de France aux XIIIe et XIVe siècles ou dans les fameux « Cahiers » préparatoires aux États généraux de 1789 ! Et combien, de ce même point de vue, n'y a-t-il pas à tirer des observations présentées dans leur correspondance, leurs rapports et leurs « mémoires » par les agents du pouvoir central, et notamment par les intendants de la royauté française aux XVIIe et XVIIIe siècles !

Tout comme le législateur, auquel ils indiquent souvent les réformes à entreprendre, administrateurs et administrés sont amenés sans cesse à rechercher les causes des maux qu'ils dénoncent, dans l'espoir d'obtenir les correctifs nécessaires. Et quand, par hasard, ils ne le font pas en termes exprès, ils le suggèrent et nous font profiter de leur irrécusable expérience.

La continuité des pièces qui composent un dossier d'archives, si rien n'est venu en troubler l'ordonnance première ou si cette ordonnance a pu être rétablie, est souvent elle-même une indication : il suffit alors de se laisser en quelque sorte porter par les documents, lus l'un après l'autre tels qu'ils s'offrent à nous, pour voir la chaîne des faits se reconstituer presque automatiquement. Et c'est pourquoi les historiens savent d'expérience les facilités particulières qu'ils rencontrent à retracer l'histoire de tel ou tel établissement civil ou religieux, de telle ou telle institution publique, dont les dossiers sont restés classés dans l'ordre même que, dès l'origine ou de très bonne heure, les besoins administratifs ont dicté à ceux dont ils fondaient les droits.

Le témoignage des contemporains ajoute enfin beaucoup à ce qui ressort du simple examen des pièces d'archives. Nombreux, entre autres, sont ceux qui, ayant participé à l'action, ne se sont pas contentés de faire le récit de ce qu'ils ont vu ou entendu, mais nous ont livré le secret de leurs intentions, de leurs espoirs, de leurs déconvenues, nous aidant par leurs confidences à démêler l'écheveau des événements dans lesquels ils ont personnellement joué un rôle.

D'une façon générale, il est exceptionnel qu'un témoin se borne à noter les faits sans les raccorder entre eux, ou plutôt que ces faits ne se présentent pas sous sa plume tout coordonnés, tels qu'ils l'ont été sous ses yeux dans la réalité. Qu'il lui arrive de se tromper sur leurs rapports profonds ou de se laisser aveugler par les préjugés de son temps (quand il s'agit, par exemple, de mesures aussi mal comprises et impopulaires que l'ont été sur le moment les réformes de Turgot), nous ne lui en devons pas moins une explication des choses qui, à défaut d'autres mérites, reflète avec plus ou moins de fidélité l'opinion de son époque et nous fournit ainsi un utile jalon.

L'examen direct des faits est en outre de nature à suggérer à un historien expérimenté le moyen de suppléer au silence ou à l'insuffisance des témoignages contemporains en tirant parti de la connaissance qu'il a déjà acquise du passé.

Non point qu'à proprement parler, l'histoire se répète jamais. Elle est, tout au contraire, changement incessant, parce que les conditions matérielles et morales de la vie humaine sont dans un perpétuel devenir. En notre siècle de transports ultra-rapides par air, terre et mer, de télégraphie et téléphonie sans fil, de produits de synthèse, d'usinage en séries, il va de soi que causes et effets ne s'enchaînent plus toujours de la même façon ni surtout au même rythme qu'au temps des diligences et des bateaux à voile, de la poste aux chevaux, des produits naturels et des ateliers familiaux. Il y a néanmoins entre les faits d'une même période des analogies assez marquées pour qu'on puisse sans abus inférer des uns aux autres.

Longtemps, du reste, les conditions de vie ont évolué avec une telle lenteur que, pour les époques anciennes, le raisonnement par analogie ne se heurte pas à de sérieuses difficultés. Des siècles durant, par exemple, les procédés de culture n'ont guère varié ; l'outillage industriel ne s'est transformé que par étapes insensibles ; les moyens de transport eux-mêmes n'ont fait que peu de progrès, et l'on signale comme des révolutions l'introduction en Occident du collier d'épaules, de la ferrure à clous et de l'attelage en file des chevaux de trait, ou l'invention du gouvernail. Si depuis lors les changements ont été s'accélérant, jusqu'à déjouer aujourd'hui, tant ils sont rapides, les pronostics les plus raisonnables, l'histoire dispose, en revanche, d'une documentation dont l'abondance sans cesse accrue compense, et au delà, la rapidité même de l'évolution, en lui fournissant à tout moment des éléments de comparaison multiples pour des périodes de plus en plus courtes.

Sans doute, comparaison n'est pas raison. Mais quelle est la science qui se prive de ce moyen d'enquête, si propre à nous amener progressivement au but ? Lorsqu'un historien, familiarisé avec le genre de faits et l'époque dont il traite, vivifie ainsi les données des textes par le fruit de son expérience, le passé s'illumine ; les documents prennent un relief insoupçonné d'abord, et, dans la chaîne des événements, les maillons manquants se replacent d'eux-mêmes.

∽

La loi de l'éternel changement à laquelle l'histoire est soumise n'exclut d'ailleurs pas la constance relative de certaines données qui, à divers égards, en commandent le cours, telles que la nature humaine, la configuration du globe terrestre, les saisons, le climat, etc.

Aucune de ces données, sans doute, n'est absolument immuable ; elles se modifient toutes, soit par le jeu des facteurs naturels, soit par la volonté des hommes. Mais, dans l'une et l'autre hypothèse, il s'agit communément de modifications de faible amplitude ou de phénomènes à évolution assez lente pour qu'on parvienne sans peine à en circonscrire l'incidence : ainsi l'assèchement naturel ou artificiel d'une contrée, l'ensablement ou l'effondrement d'un rivage, le déboisement ou le reboisement d'une montagne. La percée d'un tunnel ou l'ouverture d'un canal, surtout quand il a l'importance de ceux de Suez ou de Panama, peuvent entraîner des répercussions plus rapides et plus profondes, point telles cependant que les conditions générales de l'évolution historique en soient aussitôt affectées dans leur essence. Comment dénier dès lors à l'historien le droit de raisonner, dans une foule de cas, par simple transposition aux événements du passé des données de sa propre expérience ?

D'instinct, et vraiment sans grande chance d'erreur, il est amené à rétablir entre certains faits, dont il ne connaît par les textes que l'ordre de succession, des liens de causalité qui ressortent à première vue de l'examen même des conditions où ils se sont produits. Supposer, par exemple, une corrélation entre le cloisonnement géographique d'une région et son isolement économique ou moral, entre la stérilité dont son sol est frappé et la disette dont elle peut être victime, entre son climat et le genre de vie mené par ses habitants, entre l'écrasement d'un peuple par un autre et la soif de vengeance qui l'anime ensuite, est-ce faire montre d'une grande témérité ?

Dans des cas comme ceux-là, le raisonnement peut sans risque s'exercer, sous la seule réserve qu'on n'oublie ni combien sont changeantes les circonstances où se produisent des faits par ailleurs analogues, ni combien il faut tenir compte en même temps, dans l'étude à laquelle on procède, de l'incidence des facteurs secondaires, tous essentiellement variables.

Ceci revient à dire que, si l'histoire est une science rigoureuse, elle n'exclut pas plus qu'aucune autre l'esprit de finesse. Il n'y a pas et il ne saurait y avoir de déterminisme historique, si l'on entend par là, comme on l'a pourtant soutenu, une sorte de logique inflexible à laquelle ne pourrait échapper l'évolution des individus et des peuples. La séduction exercée chez nous par les livres vigoureux et fortement charpentés d'un Taine, ramenant l'explication de toutes choses à l'action décisive de trois facteurs : la race, le milieu et le moment, ou, en Allemagne, par ceux d'un Ritter ou d'un Ratzel, brillants apôtres du déterminisme géographique, ne doit pas nous faire oublier que l'histoire ne se met pas en équations.

Vaines ont été toutes les tentatives faites pour donner des événements du passé un type d'explication uniforme, en invoquant, par exemple, même pour rendre raison des transformations les plus étrangères, à première vue, aux exigences de la vie matérielle (la Réforme religieuse du XVIe siècle entre autres), les lois d'un universel et impérieux matérialisme qui se couvre de l'autorité de

Karl Marx. Cette histoire « marxiste », comme on l'a appelée, a pu mettre en évidence de façon utile le rôle, souvent considérable, des facteurs d'ordre économique dans l'histoire des révolutions qui ébranlent les sociétés jusque dans leurs fondements spirituels ; elle n'a pu — et pour cause — y découvrir cette chimère d'une explication unique, valable dans toutes les conjonctures. La vie ne se laisse pas ramener à des formules aussi simples. Elle est faite d'une infinité d'éléments de tous ordres s'équilibrant de manière continuellement variable et obligeant, par suite, l'historien à fuir la rigidité des systèmes pour suivre dans ses détours le mouvement infiniment souple de la réalité quotidienne, telle que les documents et sa propre expérience ne cessent de la lui révéler.

6. L'EXPOSÉ DES FAITS

La multiplicité même des éléments à considérer chaque fois qu'on s'attaque à une question historique quelconque en rend l'exposé particulièrement difficile. On ne sera donc pas surpris que d'innombrables critiques aient été, sur ce point encore, adressées aux historiens, accusés à nouveau d'un défaut de méthode rédhibitoire.

Tout, une fois de plus, paraît arbitraire et conventionnel dans leurs procédés d'exposition, qu'il s'agisse du choix des événements et des personnages, du classement et de la répartition des faits, du mode de présentation adopté. Si l'on reconnaît du talent à quelques-uns d'entre eux, on suggère volontiers qu'il s'agit d'un talent purement littéraire, qui consiste avant tout dans l'art de disposer les choses avec une certaine habileté, en vue de l'effet à atteindre, — ce qui est une aimable façon d'assimiler l'histoire au roman.

Nous nous garderons de rouvrir à ce propos l'absurde débat : l'histoire est-elle une science ou un art ? Qu'on n'aille pas toutefois imaginer non plus que, dans notre pensée, l'historien en possession de son métier se doive reconnaître à son dédain de la composition et du style, ainsi que trop de méchantes langues sont prêtes à l'insinuer. Le talent d'exposition est un don aussi souhaitable chez lui que chez n'importe quel savant ; peut-être même lui est-il plus nécessaire encore qu'à beaucoup d'autres. Mais l'objet propre de l'histoire étant la restitution et l'explication du passé, le problème à résoudre est non un problème d'ordre littéraire, mais un problème de méthode, et c'est le seul, bien entendu, qui nous retiendra ici.

I

Il est certain d'abord que tout exposé historique suppose un choix : car, à vouloir énoncer tout ce que les documents nous révèlent, on ne créerait que confusion et découragerait le lecteur le plus patient. Force est donc de ne retenir que quelques faits et d'en rejeter beaucoup d'autres.

Or à quels signes reconnaître ceux qu'il convient de retenir ? N'est-ce pas uniquement la curiosité personnelle ou le caprice de l'historien qui décide ?

Que son tempérament et sa tournure d'esprit pèsent dans la balance, on ne saurait ni s'en montrer surpris ni s'en scandaliser. Pas davantage si des raisons d'opportunité l'amènent soit à resserrer, soit à étendre son récit selon le public auquel il s'adresse ou l'objet qu'il se propose. Est-il un savant au monde qui ne soit tributaire de pareilles contingences ? L'essentiel est que les faits retenus par l'historien ne le soient finalement qu'en conclusion d'un examen objectif. Et c'est bien ce qui se passe dans la pratique.

Car les faits ont par eux-mêmes une importance variable, qu'on peut déterminer, et qui se reconnaît à l'étendue de leurs conséquences. Tel en a eu de très amples, tel autre d'insignifiantes. Entre la mort d'un Robespierre et celle d'un de ses obscurs compatriotes d'Arras, il n'y a pas de commune mesure. Un classement des faits d'après leurs résultats respectifs permet donc de les mettre à leur échelle véritable et dicte à l'historien son choix.

Il va de soi d'ailleurs que l'ordre de grandeur de ces faits est, en un sens, fonction de la nature du sujet abordé. Un événement de grande portée politique — par exemple un coup d'État — peut n'avoir exercé qu'une très faible influence sur le plan économique. Inversement, une découverte, l'invention d'une machine, un krach financier sont souvent des faits considérables du point de vue de l'histoire économique, quoique sans portée politique. Mais ceci ne change rien à leur importance objective.

Il est enfin des faits en apparence négligeables, qui se recommandent néanmoins au choix de l'historien en raison de ce qu'on pourrait appeler leur valeur de symptômes : de menus incidents, de ces épisodes que nous qualifions de « faits divers », des traits de mœurs, des détails parfois infimes et dont les conséquences apparaissent dérisoires. Si l'historien les retient, c'est parce qu'ils lui semblent significatifs. Ils sont pour lui ce que sont pour le biologiste ces réactions secondaires de l'organisme, dont les conséquences passent elles aussi pour négligeables, mais où l'on reconnaît l'indice d'un processus physiologique digne d'attention.

Pour savoir discerner et interpréter correctement ces faits symptomatiques, comme pour mesurer avec exactitude les répercussions des faits dont l'importance est fonction de leurs résultats, il faut sans doute des qualités de jugement et une expérience des choses qui obligent à compter avec la valeur personnelle de l'historien, mais qui n'ont rien à voir avec sa fantaisie ni avec les caprices de sa curiosité.

∽

Entre tous les personnages qui ont participé aux événements, l'historien fait pareillement un choix, mais, pareillement aussi, un choix dont on peut dire qu'il est fondé tout entier sur la réalité objective, telle qu'elle se montre à nous dans les documents.

Ce que ces documents nous laissent apercevoir de leur action et des conséquences qu'elle a entraînées nous donne, comme pour les faits, la mesure du rôle qu'il est légitime d'attribuer à chacun d'eux et nous indique, par suite, la place qu'il convient de lui ménager dans le récit. Elle ne peut qu'être proportionnée à l'importance relative que les diverses catégories de témoignages lui réservent elles-mêmes.

Comme dans le choix des faits toutefois, il arrive que des personnages épisodiques, de simples comparses, s'imposent à notre attention, non plus à cause de l'importance réelle du rôle qu'ils ont joué, mais parce qu'ils sont révélateurs d'un état social ou moral, d'un type de civilisation, d'une classe d'hommes qu'il paraît opportun de définir. Pour être sujets à plus de variations, de tels choix n'en sont pas moins dictés, cette fois encore, par les seuls documents.

Qui oserait affirmer pourtant que les perspectives de l'historien sont toujours exactement modelées sur le réel ? Que ne sont pas omis des personnages qui ont exercé sur leurs contemporains une influence dont l'histoire ne souffle mot ? Que d'autres ne se voient pas attribuer un rôle supérieur à ce qu'il fut en fait ? Que celui de la foule anonyme n'est pas trop souvent réduit à l'excès ? L'histoire est, hélas ! comme toutes les autres sciences, conditionnée par nos moyens d'approche. Là où les documents sont muets, elle se tait ; là où ils simplifient, elle simplifie ; là où ils sont un écho déformé, elle déforme. En aucun cas — et c'est, semble-t-il, l'essentiel — elle n'improvise.

Il nous reste toujours, en fin de compte, la ressource de chercher dans notre propre expérience les correctifs indispensables aux insuffisances de notre documentation. Mais c'est à la condition expresse que nous ne les présentions que sous forme d'hypothèses provisoires, auxquelles les documents viendront peut-être un jour apporter une confirmation qui, les fera passer dans le domaine des vérités scientifiques.

II

Faits et personnages une fois choisis, il faut les ordonner en un exposé méthodique. Or on ne saurait nier que l'histoire étant par essence continuité et complexité, toute coupure pratiquée dans la trame des événements a quelque chose d'artificiel. L'idéal serait sans doute d'arriver à saisir d'ensemble tout le passé dans sa foncière unité. Mais force est de ne le considérer que sous des aspects successifs, et l'on ne voit pas pourquoi cette nécessité didactique serait plus funeste à l'histoire qu'aux autres sciences, auxquelles elle s'impose au même degré.

Observons d'ailleurs qu'en pratiquant dans la série continue des faits des coupures chronologiques, les historiens ne font, après tout, que suivre le mouvement même de l'histoire. Celle-ci ne nous offre-t-elle pas le spectacle constamment renouvelé du rôle joué dans le déroulement des faits par des personnages — chefs d'État ou ministres, généraux ou administrateurs, hommes d'action ou de pensée, — dont la mort ou la disgrâce, loin de constituer des accidents négligeables, viennent réellement interrompre le cours des choses ? Ne nous enseigne-t-elle pas qu'il est des nouveautés, des découvertes qui marquent, sans la moindre équivoque, le début de transformations profondes dans les conditions d'existence des peuples ou des sociétés ? C'est donc la vie qui, non seulement nous suggère, mais nous impose une méthode d'exposition par étapes successives.

Sans doute doit-on observer parallèlement qu'il n'y a pas de mutations brusques, même en histoire. L'action d'un homme lui survit toujours en quelque mesure ; il n'est lui-même, à maint égard que l'image de son temps et de son milieu ; les découvertes et les nouveautés » ne surgissent pas du néant, et leur effet n'est jamais immédiat ; enfin il n'est point de « coupure », en histoire, qui s'applique à tous les ordres de faits. La mort de Louis XIV ou la chute de Napoléon marquent bien le terme naturel d'une étude d'histoire politique ; il n'en va pas de même si l'étude porte, par exemple, sur tel ou tel aspect particulier de l'évolution économique ou de l'évolution sociale.

Ceci revient à dire que les distinctions chronologiques n'ont pas de valeur absolue ; que le passage d'une « période » à une autre s'opère toujours par degrés et transitions insensibles ; mais non pas qu'il y ait abus à considérer les faits par tranches chronologiques successives, pourvu que celles-ci soient convenablement établies.

On a beaucoup discuté dans ces dernières années, spécialement en Allemagne, sur cette répartition des faits en périodes — ce que les théoriciens d'outre-Rhin appellent la *Periodisierung* —, comme si l'opération mettait en jeu des principes nettement définis une fois pour toutes. La discussion nous paraît vaine, pour les raisons mêmes que nous venons d'énoncer.

La coupure en périodes est nécessairement fonction de la nature des faits étudiés, et c'est pourquoi les historiens se trouvent à cet égard si souvent en désaccord apparent. S'agit-il, par exemple, de délimiter cette longue suite de siècles que nous appelons aujourd'hui le moyen âge, les uns veulent le faire commencer à la conversion de Constantin, d'autres vers la fin du IVe siècle, d'autres au début du Ve, d'autres à la chute de Romulus Augustule (476), d'autres à la mort de Justinien (565), d'aucuns à l'avènement des Carolingiens seulement, et la fin en est reportée tour à tour à la mort de Frédéric II de Hohenstaufen (au milieu du XIIIe siècle), à la chute de Constantinople en 1453, au début des guerres d'Italie, parfois même en plein XVIe siècle ; et chacun a de solides raisons à produire en faveur de la coupure de son choix.

Mais c'est qu'effectivement, pour chaque solution proposée, les faits retenus sont de nature différente ; que chaque historien se laisse guider dans son choix par le souci parfaitement légitime de mettre en pleine lumière et de rendre immédiatement intelligibles les faits d'un certain ordre : ceux d'ordre religieux, ou d'ordre économique, ou d'ordre politique, ou d'ordre ethnographique, et ainsi de suite. Qu'importe, si la coupure choisie convient au but poursuivi et si, du point de vue adopté, elle correspond bien au réel, lui-même divers et changeant ?

Il est vrai que, dans la pratique, les historiens se laissent quelquefois un peu trop conduire par leurs tendances personnelles et leur tempérament. Quand Michelet divise le règne de Louis XIV en deux périodes : avant et après la fistule, c'est l'imaginatif plus que l'homme de science qui parle ; et l'on trouverait chez ses prédécesseurs ou ses émules maint autre exemple de divisions chronologiques presque aussi déconcertantes. Mais il faudrait être de bien mauvaise foi pour en tirer argument.

Nécessaire, comme propre à faire saisir la nuance et la valeur particulière de certains faits, le procédé, qui n'est qu'un moyen commode d'exposition, ne présente aucun inconvénient s'il est employé avec ce discernement et ce sens des réalités sans lesquels il n'est pas de véritable historien. Le génie d'un Michelet excuse des fantaisies que nous proscririons aujourd'hui. Qu'on s'en chagrine ou qu'on s'en félicite, le temps de l'histoire romantique est passé.

III

Plus encore que la répartition en périodes chronologiques, la répartition des faits d'après leur nature a quelque chose d'artificiel. Il est clair que seul un effort d'abstraction permet d'établir entre l'économique, le politique, le social, etc., ces distinctions tranchées auxquelles les historiens nous ont accoutumés. Mais c'est une question de mesure ; car, pour complexe qu'elle soit, la réalité elle-même n'exclut pourtant pas toute distinction entre nos diverses formes d'activité. Nous ne confondons ni le travail manuel avec le travail intellectuel, ni le métier des armes avec la pratique du commerce, ni le labeur de l'ouvrier d'usine avec celui du paysan : l'expérience commune se trouve ici d'accord avec celle de l'historien pour séparer mentalement des choses qui, sans cesser d'être solidaires, sont pourtant très différentes.

Aussi paraît-il légitime de considérer le passé tour à tour sous ses divers aspects, pourvu qu'on prenne modèle sur le réel et que l'étroite interdépendance des faits de tous ordres ne cesse d'apparaître avec netteté. Ce qui soulève, à coup sûr, de sérieuses difficultés d'exécution, mais ne pose aucun problème de fond.

En peut-on dire autant de l'habitude qu'ont prise les historiens de découper le passé par tranches, non seulement chronologiques ou logiques, mais nationales, régionales, monographiques ou biographiques ? Ne s'expose-t-on pas à fausser de façon plus grave les véritables perspectives de l'histoire ou même à dénaturer les faits, quand, volontairement oublieux de la continuité dans l'espace et de la complexité des facteurs en cause, on prend le parti de s'enfermer dans le cadre de la vie d'un peuple, d'une contrée, d'une localité, d'une institution, d'un personnage ou de sa famille ?

Une histoire de France ou une histoire d'Allemagne n'existe, à tout prendre, que comme partie intégrante d'une histoire universelle ; une histoire de la Champagne ou de la Picardie, une histoire de Lyon ou de Marseille, une histoire du monastère de Saint-Denis ou du Parlement de Paris ne peuvent être que des pages détachées d'un ensemble plus vaste ; et il n'est que d'ouvrir une biographie quelconque pour constater à quel point il est difficile d'isoler de l'histoire générale de son temps la vie du personnage, important ou non, à qui elle est consacrée.

Le tenter, c'est se résigner d'avance à tailler dans le vif ; c'est aussi accepter un rétrécissement du champ visuel, qui risque de faire perdre le sens exact des proportions. Quel est le biographe, quel est l'auteur d'une monographie historique sur sa province ou sa ville natale qui ne se soit entendu accuser d'avoir tout ramené à son héros ou à sa petite patrie ? C'est enfin, en mainte occasion, s'exposer à projeter dans le passé, malgré soi, des conceptions, voire des sentiments qui sont d'un autre temps.

Ce dernier écueil est presque inévitable quand il s'agit d'écrire l'histoire de sa propre patrie. Cette patrie, dont nous avons une claire conscience et à laquelle nous tenons par toutes les fibres de notre être, l'histoire nous enseigne qu'elle ne s'est dégagée que par étapes et n'a pris corps parfois qu'à une époque récente. Il y a aujourd'hui une Suisse, une Belgique ; mais raconter depuis la plus haute antiquité l'histoire de l'un ou l'autre de ces États de création tardive, n'est-ce pas céder à l'illusion, scientifiquement dangereuse, d'une Suisse ou d'une Belgique inscrite d'avance sur la carte du monde ?

Même pour des pays qui nous paraissent aussi nettement dessinés par la nature que notre France, sommes-nous bien sûrs de ne pas commettre, à laisser aux mots toute leur rigueur, une manière de contre-sens historique quand nous partons, pour en retracer l'histoire, de leur état actuel et de ce qu'ils représentent aujourd'hui pour nous ?

Suivre le cours même de l'évolution et se laisser conduire par le déroulement des faits est pour l'historien une règle de sagesse qu'il ne viole pas impunément. Mieux vaudrait donc pour lui partir sans exception du passé, renoncer à classer les faits dans des cadres qui ne correspondent pas toujours aux réalités anciennes ; mieux vaudrait aussi qu'il s'abstînt de fragmenter à l'excès ce passé, dont il rend l'explication d'autant plus malaisée qu'il restreint davantage le champ de ses investigations. Mais notre besoin de recourir aux lumières de l'histoire pour comprendre le présent tel qu'il s'offre à nous est trop impérieux, et trop impérieuse est la nécessité où nous nous trouvons de limiter chaque fois notre effort dans le temps et dans l'espace pour que nous arrivions sans doute jamais à nous affranchir tout à fait d'habitudes qui ne sont dangereuses, après tout, que pour ceux qui ne sont pas suffisamment prémunis contre les erreurs et les déformations auxquelles elles peuvent mener.

IV

Comme en toute science, c'est en fait le problème de l'équilibre à maintenir entre l'esprit de synthèse et l'esprit d'analyse qui se pose. « Pour un jour de synthèse, disait Fustel de Coulanges, il faut des années d'analyse, et la formule reste vraie. Toute synthèse prématurée n'aboutit qu'à jeter la confusion dans les esprits. Mais toute étude de détail menée sans vues d'ensemble risque de laisser dans l'ombre l'essentiel et, par conséquent, de manquer son but. Synthèse et analyse doivent donc cheminer de compagnie, s'épaulant l'une l'autre, se perfectionnant l'une l'autre.

Il faut pousser assez loin l'analyse pour retrouver la complexité et la diversité du réel. On ne peut vraiment comprendre ce qu'a été une société disparue que si on la voit vivre et qu'on pénètre dans son intimité. Le meilleur exposé général sur les « temps féodaux » ou sur le « siècle des lumières » ne suppléera jamais à la connaissance précise et nuancée des mœurs et de l'esprit de l'époque, que peuvent seules procurer des séries d'études partielles, attentives à des détails que la synthèse doit négliger. Mais, sous l'accumulation de ces détails, les grandes lignes disparaissent trop souvent, et il est nécessaire de remonter sur les sommets pour les discerner avec netteté.

Ajoutons que l'incertitude des témoignages allant croissant à mesure qu'on descend dans le détail, ce sont toujours en histoire, comme dans la plupart des sciences, les traits généraux qu'on discerne le moins mal. Aussi est-il souvent possible de distinguer avec une relative sûreté les aspects essentiels et les événements marquants d'une période, alors que le doute subsiste encore sur les circonstances accessoires où ces événements se sont produits et sur maint aspect particulier de la période étudiée.

Tout dogmatisme en ces matières serait donc déplacé. Il n'y a pas de méthode d'exposition qui s'impose de préférence à une autre : il y a un esprit historique, qui, dans chaque circonstance, doit dicter à l'historien la meilleure méthode à suivre, l'aider à éviter les écueils, lui inspirer enfin les correctifs nécessaires au procédé d'exposition adopté.

V

Une dernière difficulté vient pour l'historien de la trop fréquente inaptitude de notre langage actuel à traduire de façon adéquate des choses et des conceptions qui ont cessé d'être les nôtres.. Une foule de mots que le passé a connus ont changé de sens ; nos mots nouveaux ne s'adaptent bien qu'au présent ; beaucoup d'entre eux tout au moins éveillent dans l'esprit du lecteur un complexe d'idées qui n'appartiennent qu'à notre temps.

S'agit-il d'époques très différentes de celle où nous vivons, le problème ne laisse pas d'être souvent épineux. Il en est ainsi pour le haut moyen âge, qui n'a, sous les Mérovingiens et les Carolingiens, rien connu de comparable à nos fonctionnaires modernes, à nos ministères, à ce que nous appelons un État, où le Trésor public se confond avec la cassette privée du souverain et le domaine public avec ses biens personnels ; où le civil et le militaire, le temporel et le spirituel se trouvent étroitement mêlés ; où l'on vit enfin une vie qui ne rappelle que de loin celle de l'époque romaine et n'annonce guère encore la nôtre. La vérité historique serait trop souvent, dans des cas pareils, trahie par l'insuffisance de notre vocabulaire si les historiens ne s'ingéniaient pas à y remédier en redoublant d'explications et de commentaires.

Le risque de méprises est encore aggravé, cela va de soi, si, cédant à un penchant trop commun aujourd'hui, l'on use volontairement d'une terminologie anachronique, dans la vaine pensée de rapprocher en quelque manière du lecteur les faits dont on parle. Appliquées à des périodes anciennes, des expressions ultra-modernes, comme celles dont trop d'historiens parsèment leurs ouvrages — syndicalisme, cléricalisme, sectaire, meeting, lock-out, et bien d'autres que nos ancêtres ignoraient — ont pour effet inévitable de fausser les perspectives historiques par des assimilations malencontreuses qui sont la négation même de l'histoire.

Mais le remède est ici à notre portée. Le véritable historien doit savoir résister à de pareils entraînements. Contraint de recourir au langage de son temps pour exprimer des choses passées, il doit s'employer du moins à bannir de son style, autant que faire se peut, tout ce qui prête à équivoque et rechercher avec un soin jaloux les termes les mieux appropriés aux objets et aux temps dont il parle.

Sur ce point, comme sur la plupart de ceux auxquels nous avons touché au cours de ce chapitre, tout — répétons-le inlassablement — est affaire de bon-sens et de mesure.

VII. LES « LEÇONS DE L'HISTOIRE »

En notre siècle utilitaire, il ne suffit pas qu'une science réponde à un besoin de notre esprit et dispose d'une méthode sûre, pour se trouver justifiée aux yeux du public. La question monte bientôt aux lèvres : à quoi cela sert-il ?

C'est en elle-même qu'une science, quelle qu'elle soit, a sa raison d'être, et non dans les applications qu'on en tire ; mais il peut être intéressant de se demander en effet si l'histoire est, comme on le dit souvent, une science de luxe ou si elle présente une utilité pratique, et laquelle.

∽

En toute occasion, dans les colonnes de nos journaux comme aux tribunes de nos Parlements, on a pris l'habitude d'invoquer ce qu'on appelle pompeusement les « leçons de l'histoire », entendant par là que l'histoire est un recueil d'exemples dont l'homme moderne doit apprendre à tirer parti dans la conduite de la vie.

Veut-on crier casse-cou à un ami, veut-on critiquer un adversaire, elle fournit toujours, dit-on, à point nommé des précédents décisifs. Quelle que soit la situation où l'on est placé, elle enseigne à qui sait l'interroger ce qu'il convient de faire, le piège où ne pas tomber. Elle est, en particulier, l'école de l'homme politique, qui est assuré d'y rencontrer, le moment venu, le modèle à suivre, l'exemple à éviter. A l'homme de guerre, au diplomate, elle fournit le thème de la manœuvre à entreprendre, de la faute à ne pas commettre. Elle est pour tous un répertoire, autant dire inépuisable, qu'on ne consulte jamais en pure perte. Telle est du moins, dans sa naïve candeur, la doctrine courante.

On ne la prendra certes pas pour argent comptant ; mais il va de soi que l'histoire, comme la vie elle-même dont elle est l'image, offre une ample matière à méditations ; qu'à s'inspirer des exemples dont elle est riche, ou tout au moins à en peser les conséquences, il ne peut y avoir que profit ; mais c'est à la condition qu'on retienne — si leçon il y a — la leçon essentielle qu'elle nous donne : à savoir qu'un fait ne se répète jamais tel quel.

Entre deux situations concomitantes, si proches parentes l'une de l'autre qu'elles puissent sembler, il n'y a qu'analogies, non identité. A plus forte raison, faut-il se méfier des rapprochements qu'on peut être tenté d'établir entre deux situations éloignées dans le temps. Des similitudes, souvent fortuites, n'empêchent pas les circonstances extérieures et les conditions psychologiques elles-mêmes de différer presque toujours assez profondément pour rendre illusoire toute assimilation.

Au rebours de ce qu'on lui fait dire, l'histoire n'enseigne-t-elle pas encore, comme nous l'observions au début de ce livre, qu'il faut marcher avec son temps, et non chercher dans le passé ses principes d'action, puisqu'elle nous montre l'humanité allant toujours de l'avant, en quête d'incessantes nouveautés ?

Tout au plus l'histoire peut-elle, de ce point de vue, aider à freiner les impatiences de ceux qui seraient tentés de brûler les étapes, en leur rappelant les fortes réactions qui suivent toujours, d'âge en âge, les révolutions trop rapides. Mais sont-ce là les « leçons de l'histoire » ou les leçons de la vie ?

Sous le bénéfice de ces observations, l'histoire est en effet une merveilleuse école pour quiconque est mêlé à l'action. Si elle n'est pas un répertoire d'exemples prêts à être transposés dans le présent, elle est comme l'expérience séculaire de l'humanité, une expérience dont il serait présomptueux de ne pas tenir compte. Les faits qu'elle retient ne se répètent pas sous leur forme première, pas plus que ne se répètent ceux qu'a vécus tel ou tel homme expérimenté dont on va solliciter les avis ; mais les uns et les autres apportent à quiconque s'en est pénétré le fond d'observations qui soutiennent sa raison et forment la base solide de son esprit.

En tout cas, l'histoire n'est pas et ne peut être, sans manquer à ses obligations essentielles, l'école de morale et de civisme que depuis l'antiquité trop d'historiens veulent faire d'elle. On ne devrait pas avoir à le rappeler si elle n'était encore de nos jours constamment tiraillée en tous sens par des éducateurs ou des écrivains qui, en paroles ou dans leurs livres, la mobilisent au service de causes, dont certaines sont saines et nobles, mais dont aucune n'est conciliable avec l'impartialité et la sérénité d'une discipline scientifique.

Il suffit de voir à quels excès, à quelle caricature de la vérité peut mener cette manière de comprendre l'histoire, pour être aussitôt édifié. Que, des mêmes faits, un manuel d'enseignement à l'usage d'un jeune Allemand et un manuel d'enseignement à l'usage d'un jeune Français puissent donner des versions contradictoires, mais flatteuses chacune pour l'amour-propre national de ceux à qui elle est destinée, ou que telle Histoire de France reflète, selon l'expression consacrée, des tendances de « gauche » et telle autre des tendances de « droite », c'en est assez pour faire éclater l'erreur fondamentale d'une conception qui aboutit à transformer l'histoire en instrument de propagande et souvent en machine de guerre. Notre idéal de vie, notre fierté nationale n'ont rien à gagner à de tels procédés, et l'histoire a tout à y perdre.

On ne forme pas des esprits à l'école du mensonge, et un peuple qui en serait réduit à travestir son passé pour soutenir le civisme des siens serait bien près de la ruine. Il serait donc temps de renoncer enfin à mettre l'histoire au service d'une cause quelconque. Si, sur le plan moral, elle a des leçons à nous donner, ce sont des leçons de sincérité et de droiture.

Mais la leçon principale qu'il faut en attendre est celle qui se dégage nécessairement du déroulement des faits dont elle a pour tâche de retracer la suite : celle d'un renouveau incessant qui, redisons-le, développe en nous ce qu'on pourrait appeler le sens de l'évolution et nous prémunit par là même contre quelques-unes des erreurs de jugement les moins compatibles avec une saine appréciation des choses. C'est par l'histoire, et par l'histoire seule, qu'elles nous apparaissent replacées sur leur plan véritable, non comme surgies du néant, mais comme issues d'une lente incubation, et comme de simples étapes sur un chemin dont jamais le terme n'est atteint.

Il n'est sans doute pas de meilleure école de compréhension et de justesse d'esprit. D'autres disciplines enseignent à raisonner correctement sur des données abstraites ; l'histoire nous contraint à raisonner à partir d'un réel mouvant, nuancé et complexe, comme tout ce qui est humain.

Bien enseignée, elle devrait être un stimulant précieux, même pour de jeunes intelligences. Pour des esprits déjà mûrs, elle est d'un profit sans égal.

APPENDICES

LES ÉTAPES DE LA SCIENCE HISTORIQUE

L'objet et les méthodes de l'histoire ont mis des siècles à se dégager, et nous aurions intérêt à bien discerner les étapes du chemin parcouru. Car, pour qui veut apprécier la portée d'une science, rien n'est plus instructif que d'en suivre les premiers développements, de la voir prendre corps et se définir elle-même peu à peu, au prix de longs tâtonnements.

Les livres consacrés jusqu'alors à ce vaste sujet sont malheureusement loin de répondre à notre attente, et les seuls qui valent d'être cités ne portent que sur des périodes et même souvent des compartiments restreints de la science historique.

Le meilleur, à coup sûr, est l'*Histoire de l'historiographie moderne* de l'historien suisse Eduard Fueter [1], d'abord paru en langue allemande [2] et dont il existe en cette langue une deuxième édition pourvue de quelques compléments bibliographiques [3]. Les historiens les plus en renom depuis l'humanisme jusqu'à la fin du XIXe siècle y sont étudiés tour à tour et caractérisés avec bonheur, mais exclusivement en fonction de leurs tendances générales et du genre historique qu'ils représentent. L'exposé n'englobe donc que les coryphées, et encore ne retient-il de leurs œuvres que celles qui s'adressent à un large public. De tout ce qui, dans le domaine de la production historique, attire moins les regards, mais se trouve être parfois le plus caractéristique de l'évolution de la science, ou de l'immense labeur des érudits, il n'est guère ou point du tout question. Aussi se tromperait-on si, en dépit de la qualité de l'ouvrage, on y cherchait autre chose que ce que le titre annonce honnêtement : une histoire de l'historiographie, c'est-à-dire de la manière d'écrire l'histoire, et non une histoire de la science historique.

Un livre de peu postérieur, celui de l'historien anglais G.-P. Gooch, *Histoire et historiens du XIXe siècle* [4], présente un tableau intéressant de la recherche historique au cours du siècle dernier. A la différence de Fueter, l'auteur ne craint pas d'insister sur les efforts accomplis dans le domaine de l'érudition ; il se montre attentif à l'élargissement constant de la documentation et consacre, par exemple, tout un chapitre à la publication du grand recueil des *Monumenta Germaniae historica*, sans s'apercevoir toutefois qu'aux pages où il en traite devraient en correspondre d'équivalentes pour d'autres contrées que l'Allemagne. En outre, il domine mal sa matière, qu'il répartit pays par pays, marque insuffisamment les répercussions générales des grandes découvertes archéologiques, épigraphiques ou papyrologiques, pour retomber, en fin de compte, dans une série de monographies individuelles.

En un petit livre publié en 1914 sous le titre *L'histoire en France depuis cent ans* [5], nous avons nous-même tenté de tracer une esquisse des changements intervenus dans les points de vue et les méthodes des historiens depuis le début du XIXe siècle. Il ne s'agit toutefois que de la France, et notre aperçu, volontairement restreint à l'essentiel, appellerait aujourd'hui d'assez profondes retouches et, d'importants compléments.

Enfin quelques années plus tard, l'historien et philosophe italien bien connu, M. Benedetto Croce a fait paraître une très suggestive *Histoire de l'historiographie italienne du XIXe siècle* [6], où il s'est appliqué pareillement, mais plus en détail, à suivre l'histoire des conceptions historiques en Italie depuis 1820 jusque vers 1900.

Mais aucun de ces volumes ne saurait tenir lieu du livre d'ensemble qui nous manque encore. Les pages qui suivent n'ont point la prétention d'y suppléer. Il y faudrait de longues recherches et de longues réflexions. Peut-être cependant ne sera-t-il pas inutile de donner ici une très rapide esquisse du sujet.

Au point de départ — un point de départ dont la date est variable suivant les pays et les peuples — l'histoire n'est qu'un retour naïf sur un passé d'où n'émergent encore qu'un petit nombre de détails, souvent de faible portée et mêlés de beaucoup de légendes. Les faits remontent pêle-mêle à la surface, sans aucun souci de leur valeur relative, et l'ambition de l'historien se borne à en composer une série continue sous forme de récit annalistique. Les plus anciens livres d'histoire dont nous disposons ne sont ainsi, dans les cas les plus favorables, que des ramas de faits disparates retenus et assemblés sans critique et servis, si l'on peut dire, à l'état brut, suivant une chronologie approximative. Tous les peuples ou presque ont tour à tour passé par cette phase du récit annalistique élémentaire, qui est comme le premier balbutiement de l'histoire.

La réflexion vient ensuite, qui cherche à classer les faits et à les ordonner en fonction les uns des autres. Mais le progrès n'est souvent qu'apparent, la plupart des narrateurs se laissant guider, à ce deuxième stade du savoir historique, par des soucis d'ordre littéraire ou moral, politique, philosophique ou religieux, plutôt que scientifique. Ils se proposent beaucoup moins de dégager la vérité pour elle-même que de tirer parti du passé qu'ils évoquent en vue d'un certain effet à produire. Leurs récits sont de beaux contes, agencés avec plus ou moins d'agrément, ou des apologies, des œuvres de propagande, dont l'inspiration est étrangère à la science.

Les faits, sans doute, y sont mis en relation les uns avec les autres, mais l'art y supplée dangereusement au silence de la tradition ou tend à la fausser au bénéfice de l'effet escompté, si bien qu'en plus d'un cas l'histoire perd plus qu'elle ne gagne au changement intervenu.

Telle est pourtant la voie dans laquelle elle s'est engagée pour des siècles. Celui que Cicéron a surnommé le « Père de l'histoire », Hérodote, a peut-être, malgré lui, fait plus par son talent pour l'éloigner de son but véritable que ces « logographes » ses prédécesseurs, auxquels on l'oppose volontiers pour faire valoir ses mérites. Par lui et par ses émules, en des temps et des lieux divers, l'histoire est devenue un genre littéraire, au lieu de s'affirmer d'emblée œuvre de science, et nous ne sommes pas encore tout à fait sortis de cette impasse ; puisque, à côté des historiens de profession — que rien, bien entendu, ne condamne à faire fi du talent —, continue de proliférer l'abondante cohorte des littérateurs dont l'imagination, faute de pouvoir atteindre plus haut, s'emploie à arranger l'histoire à sa façon.

C'est qu'en effet, loin d'être rectiligne et continu, le progrès, en cette matière, a été coupé de fréquents retours en arrière, qui ont eu pour résultat de retarder considérablement l'évolution commencée dès l'antiquité grecque. On reste rêveur quand on constate qu'après un Thucydide et un Polybe, déjà si pleinement conscients des devoirs de l'historien, l'histoire est, pour des siècles encore, retombée dans l'ornière, à Rome d'abord, puis dans les milieux qui ont subi l'influence romaine.

Qu'on ne se laisse pas égarer par la fameuse maxime de Cicéron : « La première loi de l'histoire est d'oser ne rien dire de faux et ne rien cacher de vrai » (*primam esse historiae legem ne quid falsi dicere audeat, deinde ne quid vere non audeat*). Belle formule certes, mais qui eût gagné à n'être pas insérée dans un traité d'art oratoire et à n'être pas entourée de conseils dont l'objet est de faire des historiens les disciples des rhéteurs. Au lieu d'avancer délibérément dans la direction indiquée par Thucydide, l'histoire s'est dès lors mise de plus en plus au service, soit de la littérature et de la rhétorique, soit de la morale, soit bientôt, avec les hommes d'Église, de l'apologétique chrétienne.

La beauté et la grandeur d'un livre comme la *Cité de Dieu*, la forte éloquence d'un Paul Orose s'imposent à notre admiration ; mais avec saint Augustin, comme avec Orose, l'histoire, animée par la foi, cesse d'être une science qui trouve sa fin en elle-même, pour devenir la pièce maîtresse d'un plaidoyer, d'une argumentation pressante, destinée à convaincre les sceptiques et à les amener à Dieu.

Comment s'étonner si, après de telles réussites, les clercs du moyen âge, presque seuls pendant longtemps à constituer l'élite intellectuelle, ont tous à quelque degré, lorsqu'ils ont dépassé le stade des simples notations chronologiques, donné à leurs récits historiques cette même allure apologétique qu'on retrouvera encore en plein XVIIe siècle sous la plume d'un Bossuet.

Gardons-nous toutefois de croire que l'histoire ait été pour des siècles entièrement détournée du droit chemin. Elle a été soit trop oratoire, soit trop chargée de grâces littéraires, soit trop dévouée à des causes qui n'étaient pas toujours aussi hautes que celle de la foi ; mais, de l'antiquité à la Renaissance, des noms comme ceux d'un Salluste, d'un Tacite, d'un Commynes, d'un Machiavel, pour n'en retenir que de très grands, suffiraient à prouver que tout n'a pas été stérile dans l'effort déployé par les historiens au cours de ce long entr'acte où le savoir désintéressé semblait généralement en oubli. Pour atteindre leurs buts, ceux d'entre eux qui paraissaient les moins préoccupés de ce dernier objet ont dû presque malgré eux, chaque fois qu'ils se proposaient de pousser plus avant que l'extérieur des faits, s'appliquer à la recherche des causes, à l'étude des personnages, à l'analyse de leurs actes et des mobiles qui les ont commandés, à celle des divers facteurs matériels ou spirituels dont l'entrecroisement forme la trame de l'histoire.

Il ne faut pas croire non plus qu'aux prétendues « ténèbres du moyen âge » ait brusquement succédé, avec la Renaissance et la Réforme, l'éblouissante lumière de la critique historique. L'œuvre, sous ce rapport tant vantée, des « Centuriateurs de Magdebourg » et de leurs émules d'outre-Manche Foxe (1516-1572) et Knox (d. 1572) procède d'une pensée beaucoup moins sereine que celle des théologiens qui les ont précédés : l'histoire n'est pour eux qu'un arsenal de faits où leur violente hostilité au catholicisme romain puise de quoi, pensent-ils, ruiner les thèses de leurs adversaires et magnifier le rôle de leurs propres martyrs, ceux de la foi protestante ; leur critique acérée, lors même qu'elle tombe juste, est viciée dans son principe par leur passion de réformateurs ardents dont, d'avance, le siège est fait ; et l'esprit qui anime leurs livres ne diffère guère, pour le surplus, de celui des hommes auxquels ils s'en prennent. Sous leur plume, l'histoire sombre une fois de plus dans l'apologétique, avec cette aggravation qu'elle est désormais une arme de combat.

Mais si, par ses excès mêmes, la méthode des Centuriateurs était vouée à l'impuissance, elle posait d'une façon qui ne pouvait plus être éludée le problème de la critique et du filtrage des sources historiques, si bien qu'elle provoqua à la longue, par réaction à la fois contre l'école des historiens humanistes de la Renaissance, disciples attardés de Cicéron, et contre celle des apologistes protestants, la formation d'une troisième école, exclusivement soucieuse de faits précis, triés avec rigueur, après de lentes et méthodiques enquêtes à travers les documents.

L'œuvre admirable des Bénédictins de Saint-Maur et du plus

illustre d'entre eux, Dom Jean Mabillon (1632-1707), marque incontestablement un tournant décisif de la science historique : avec eux et avec les autres érudits des XVIIe et XVIIIe siècles qui s'inspirent de la même prudence et s'interdisent comme eux de s'écarter des textes, l'histoire se ressaisit et redevient science. Elle ne craint pas les discussions critiques ; elle s'y complaît même, non seulement avec Mabillon, mais avec ceux qui, dans d'autres milieux, le prennent aussitôt pour modèle ou travaillent parallèlement dans le même sens, tel Leibniz, quand il s'applique au métier d'historien, ou l'érudit italien Muratori (1672-1750), ou encore, au sein de la Compagnie de Jésus, les savants Bollandistes, dans leurs commentaires et leurs préfaces aux œuvres hagiographiques qu'ils commencent alors de recueillir pour l'imposante série des *Acta sanctorum*. C'est au point que la plupart s'enferment dans cette œuvre critique ou bien, quand ils se font historiens, ne se risquent que par exception, et avec quelle prudence ! hors d'un récit purement chronologique, où les faits ne semblent exister que pour eux-mêmes.

On retombe ainsi, après bien des détours, et non, il est vrai, sans de sérieux progrès, dans la conception toute annalistique d'une histoire rudimentaire ; et ce n'est pas l'effet d'un hasard si les œuvres maîtresses de l'époque sont précisément intitulées « annales », comme au temps des premiers historiens : *Annales de l'ordre de saint Benoît* de Mabillon, *Annales impériales de Brunswick* de Leibniz, *Annales d'Italie* de Muratori, etc.

Écrites le plus souvent en latin par des érudits s'adressant exclusivement à un public d'érudits ou de clercs, des œuvres de cette espèce ne pouvaient de toute évidence renouveler l'histoire qu'à la longue ; mais l'action en devait être profonde. Un livre comme l'*Histoire critique de l'établissement de la monarchie française dans les Gaules* de l'abbé Du Bos (1735) suffit à prouver que les méthodes nouvelles tendaient dès la première moitié du XVIIIe siècle à sortir du cercle étroit des purs érudits.

Il est vrai que, dans son *Esprit des lois* (1748), Montesquieu a écrasé de son dédain les « trois mortels volumes » de Du Bos, dont il rejette indistinctement toutes les conclusions, et qu'après cette condamnation, bien rares ont été pendant longtemps les historiens qui ont osé s'y référer. Mais Montesquieu lui-même, quoique l'histoire n'intervienne chez lui qu'à l'appui de ses théories juridiques et philosophiques, ne peut s'empêcher de faire, à son tour, œuvre critique tout le long de son livre : hommage indirect, qui n'en est que plus décisif (même quand il pèche par manque de sûreté), rendu aux méthodes des érudits dont il affecte de se gausser.

Ce n'est cependant pas sous la conduite de Montesquieu, mais sous celle de Voltaire que l'histoire régénérée retrouve enfin, au milieu du XVIIIe siècle, l'audience d'un large public.

Non pas que Voltaire soit, pour sa part, à un titre quelconque, le disciple ou le continuateur soit des Bénédictins, soit des autres représentants de l'école érudite. Mais il est historien né par ce besoin irrésistible qui est en lui de tout comprendre, de tout expliquer, et dont on peut seulement déplorer qu'il soit desservi par de violents partis pris, propres à fausser trop souvent la rectitude de son jugement. Quand ses préjugés, et spécialement ses préjugés antireligieux, ne sont pas en cause, son intelligence se joue avec une étonnante maîtrise des obstacles sur lesquels ses devanciers étaient venus buter : dans *le Siècle de Louis XIV* (1751), comme dans l'*Essai sur les mœurs* (1756), les faits sont vus de haut, en fonction les uns des autres, avec une sûreté de coup d'œil, une indépendance d'esprit et un sens critique qui donnent au lecteur émerveillé l'illusion qu'après des siècles d'attente, l'histoire vient tout à coup de se dévoiler à lui.

La partie pourtant n'est pas gagnée encore. Elle ne l'est ni avec Voltaire lui-même, ni avec les historiens qui, en France ou à l'étranger, prennent de façon plus ou moins heureuse, modèle sur lui : un William Robertson, l'auteur de l'*Histoire de Charles Quint* (1769), ou un Edward Gibbon, l'auteur tant vanté — à l'excès peut-être — d'une ample *Histoire du déclin et de la chute de l'Empire romain jusqu'en 1453* (1776-1788), traduite de l'anglais en une multitude de langues, dont le français, et encore rééditée de nos jours dans son pays d'origine. Trop de préventions continuent de troubler le jugement de tous ces historiens « rationalistes » ; et trop rares sont ceux qui ont pris la peine de s'instruire suffisamment des résultats auxquels sont parvenus, dans le domaine de l'érudition et de la critique, les patients « bénédictins », religieux ou laïcs, dont les travaux sont alors en train de fonder sur des bases nouvelles notre connaissance des faits historiques.

Attitude lourde de conséquences, et qui se perpétuera longtemps encore : les érudits du XVIIIe siècle travaillent dans leur coin, lentement, patiemment, sans toujours s'élever jusqu'à une juste compréhension des vrais problèmes historiques, tandis que des historiens, d'esprit lucide parfois, mais trop prompts à conclure sans informations suffisantes et au hasard d'une méthode improvisée, font œuvre plus littéraire que scientifique et retardent par leurs succès mêmes l'éclosion de la véritable histoire.

Alors surviennent la Révolution et les guerres napoléoniennes, pendant lesquelles il est moins question d'écrire l'histoire que de la faire.

Et cependant, parmi le bouleversement de tant de choses, il en est un qui se révèle éminemment favorable à la science historique : une foule de parchemins et de papiers, jalousement gardés jusqu'alors, soit comme fondements juridiques de droits ou de prétentions désormais caducs, soit comme nécessaires au fonctionnement d'institutions qui viennent d'être balayées au cours de la tourmente, se trouvent avoir perdu du jour au lendemain tout intérêt, sauf pour les curieux de choses mortes. Les dépôts où ils s'entassent peuvent donc être sans risques ouverts largement à tous, en même temps que les bibliothèques de manuscrits, moins dispersées et mieux adaptées aux besoins des chercheurs, deviennent elles-mêmes plus accessibles : occasion tentante offerte aux historiens de reprendre dans des conditions favorables des recherches dont les circonstances les ont pendant nombre d'années détournés.

Aussi partout se remettent-ils au travail avec une ardeur sans pareille. Dans l'enthousiasme de tant de trésors soudain dévoilés, de vastes collections documentaires sont entreprises et publiées, tant en France qu'à l'étranger, notamment en Allemagne, en Angleterre, en Belgique en Italie, en Espagne

Monumenta Germaniae historica (1826), *Société de l'histoire de France* (1835), *Documents inédits relatifs à l'histoire de France* (1835), collection des *Chroniques belges inédites* (1836), *Historiae patriae monumenta* de Turin (1836), *Colleción de documentos ineditos para la historia de España* (1842), *Calendars of State papers* (1856), *Rerum britannicarum medii aevi scriptores* (1858), etc.

Peu à peu l'enquête documentaire s'élargit, se double d'une enquête critique, qui bénéficie, à son tour, des progrès réalisés parallèlement en Allemagne, puis en France, en Angleterre et ailleurs dans le domaine des études philologiques et dans celui des études archéologiques.

Entre l'érudition et l'histoire proprement dite, le fossé tend à se combler. Un Guizot, un Ranke ont manié les documents et, avec plus ou moins de compétence et de bonheur, en ont fait la critique ; le premier d'entre eux a été l'initiateur du grand recueil français des *Documents inédits* et a attaché son nom à une ample collection de traductions : la *Collection des mémoires relatifs à l'histoire de France... jusqu'au XIIIe siècle (1824-1835)* ; Michelet lui-même, malgré son lyrisme, a été un certain temps archiviste et s'est nourri d'érudition. Et si, délaissant les œuvres maîtresses, on se reporte de préférence à celles, de portée souvent modeste, dues à la plume d'historiens de second plan, on constate, de décade en décade, un constant progrès vers la production de livres sérieux, solides, fondés sur une vaste documentation, attentivement triée avec un sens critique qui s'affirme par degrés.

~

Dans la seconde moitié du XIXe siècle, le mouvement s'étend, puis bientôt se précipite. Si un moment l'histoire semble à la veille de sombrer sous un déluge d'érudition et de discussions critiques, l'élargissement de l'horizon, dû aux découvertes qui vont se multipliant dans tous les domaines et au mûrissement des esprits, mène insensiblement à une compréhension plus juste des besoins et des possibilités de la science historique.

Les livres et les articles publiés vers la fin du XIXe siècle et au début du XXe marquent à tous égards un progrès considérable. On observe notamment qu'entre l'histoire proprement dite et l'érudition un juste équilibre finit par s'établir, ou plutôt que les deux formes du savoir historique se sont rejointes et mutuellement fécondées. Et peut-être vaut-il la peine de souligner que c'est de l'érudition même, c'est-à-dire d'un contact direct, intime, avec les documents, avec les problèmes qu'ils soulèvent et les détails qu'ils font en quelque sorte toucher du doigt, que l'histoire sort finalement le plus transformée, même dans ce qu'elle a de plus général.

Car rien ne saurait remplacer un commerce assidu avec les textes et les monuments divers sur lesquels est fondée notre connaissance du passé ; et si la curiosité de l'historien a pu avec fruit, depuis cinquante ans, s'étendre de proche en proche à des aspects de la vie matérielle ou spirituelle négligée de nos aînés, si elle est parvenue à en percer le mystère, c'est essentiellement à la suggestion des documents eux-mêmes, patiemment exhumés des archives ou révélés par les fouilles, classés suivant une chronologie rigoureuse, interrogés avec une science exacte de la valeur de chaque terme, de chaque forme, de chaque détail, interprétés avec une sagacité avertie, rapprochés enfin les uns des autres et éclairés les uns par les autres, dans une exacte compréhension des similitudes et des dissemblances.

Non certes que les discussions instituées au début du XXe siècle sur et autour de la méthode historique aient été vaines. Si elles n'ont pas abouti et ne pouvaient, semble-t-il, aboutir, comme on s'en était flatté d'abord, à substituer des formules nouvelles aux formules éprouvées par une longue pratique, elles ont du moins incité les historiens à s'interroger plus à fond sur la valeur de leurs moyens d'enquête, à mieux poser certains problèmes, à tirer un meilleur parti des résultats acquis dans des domaines voisins du leur — philologie, linguistique, sociologie, géographie, économie politique, statistique, etc., — à introduire enfin plus de rigueur dans l'établissement de telles ou telles de leurs conclusions. Une revue comme la *Revue de synthèse historique,* des rencontres comme celles du « Centre de synthèse » ont en outre, sous l'impulsion continue de leur inlassable fondateur M. Henri Berr, beaucoup contribué à établir une liaison étroite entre des catégories de savants trop enclins à s'ignorer mutuellement, au lieu de tirer bénéfice de leurs expériences diverses et d'éprouver leurs méthodes au contact les unes des autres.

Mais de tout cela que serait-il résulté d'utile si les historiens n'avaient en même temps poursuivi leur rude labeur et creusé de plus en plus profondément leur sillon ? Car les plus pénétrantes discussions de caractère théorique ne sauraient jamais prévaloir contre l'expérience.

Aussi l'histoire n'est-elle pas sortie transfigurée de ce bain de méthodologie. Elle y a seulement gagné, depuis trente ou quarante ans, une conscience plus claire de ses besoins et de ses limites.

1. Traduit par B. Jeanmaire, Paris, 1914, in-8°.
2. Munich et Berlin, 1911, in-8°.
3. Ibid., 1936,. in-8°.
4. *History and historians in the nineteenth century* (Londres, 1913, in-8°).
5. Paris, 1914, in-16.
6. *Storia della storiografia italiana nel secolo decimonono* (Bari, 1921, 2 vol. in-8°). En 1915 M. Croce avait publié un essai, qu'on eût souhaité moins rapide, sur l'historiographie des origines à nos jours dans son volume *Teoria e storia della storiografia* (Bari, 1915, in-8°).

LES ÉTUDES DE MÉTHODOLOGIE HISTORIQUE

Si les observations qui précèdent sont fondées, on nous excusera sans doute de ne pas consacrer ici de longues pages aux multiples études dont la méthodologie historique a été l'objet.

Beaucoup d'entre elles, il est vrai, contiennent des remarques excellentes ; certaines même sont le fruit d'une expérience directe et prolongée, dont il serait regrettable de négliger les conclusions ; mais avouons que bien des banalités et des truismes les encombrent, que la lecture en est généralement aride et décevante, enfin qu'on s'y instruit moins sur la méthode historique qu'en se reportant directement aux ouvrages où la théorie est mise en action.

Aussi ne retiendrons-nous que les plus significatives.

L'objet d'une partie d'entre elles est avant tout l'analyse des procédés par lesquels l'historien rassemble, critique et met en œuvre les documents sur lesquels sa science est fondée. Dues en général à la plume de professeurs d'histoire habitués à enseigner la pratique de leur métier, elles constituent comme un écho de leur enseignement et sont à la mesure de leur propre valeur d'historiens.

La plus considérable à tous égards est le volumineux *Traité de méthode historique* de l'historien allemand Ernst Bernheim [1], qui, paru en 1889 et plusieurs fois remanié et complété depuis lors [2], était demeuré jusqu'à une époque récente le livre classique outre-Rhin. Il le méritait par son ampleur et sa précision. Ne craignant pas d'entrer dans le détail chaque fois que l'analyse d'une méthode n'est intelligible qu'à la lumière d'exemples concrets, Bernheim fournit à ceux qui ont la patience de suivre pas à pas ses explications un guide sage et sûr. Le travail de l'historien y est décomposé étape par étape, sans peut-être qu'on voie suffisamment apparaître les problèmes d'ensemble que soulèvent les opérations mentales successives auxquelles il se livre ; mais l'exposé est sans conteste un des plus poussés qu'on ait écrit, encore que le recours aux documents archéologiques y soit un peu trop perdu de vue.

Toutefois le livre de Bernheim est un traité à la mode germanique, avec tout ce que ce qualificatif implique d'éloges et de réserves : grande richesse d'informations, classement commode des observations et des faits, mais aussi présentation lourde, souvent pédantesque, d'où l'esprit sort accablé sous le poids d'une science trop confinée dans le détail.

Après ce gros ouvrage, on respire quand on aborde l'*Introduction aux études historiques* de Ch.-V. Langlois et Ch. Seignobos [3]. Ce petit volume, clair et alerte, est lui aussi, bien que les auteurs s'en défendent [4] (on ne sait trop pourquoi) un traité de méthodologie, où se trouvent codifiées à l'usage des apprentis historiens les règles à appliquer dans la pratique de leur art. Peut-être l'exposé reste-t-il un peu trop abstrait, mais il est limpide, sans pédantisme, et parfaitement adapté au public que les auteurs ont en vue. C'est-à-dire que, tout en offrant à d'autres qu'à des novices matière à réflexions utiles, il constitue essentiellement le livre du jeune historien au stade initial de sa carrière [5].

Dans le même esprit, plusieurs autres petits traités ont été publiés tant en France qu'à l'étranger par des professeurs soucieux de condenser, sous une forme aisément assimilable, le fruit de leur expérience. A titre d'exemples, on peut citer le chapitre de Gabriel Monod, *Histoire,* au premier volume de la série *De la méthode dans les sciences* [6], et, plus particulièrement, l'opuscule de M. Paul Harsin, *Comment on écrit l'histoire* [7], qui se recommande par la remarquable clarté et l'élégante sobriété de l'exposé. On peut en rapprocher l'article déjà ancien, plus terne et plus didactique, de Ch. et V. Mortet, Histoire, au tome XX de la *Grande encyclopédie* [8].

Beaucoup plus ample et rappelant à maints égards le grand traité de Bernheim, l'*Introduction à l'étude de l'histoire* du professeur autrichien Wilhelm Bauer [9] vaut surtout par sa riche bibliographie ; mais il ajoute vraiment peu d'observations personnelles à celles de ses devanciers et est écrit avec une sécheresse rebutante. Destiné, au gré de l'auteur (p. V), à éveiller la curiosité des jeunes gens, auxquels il s'adresse spécialement, il est à craindre qu'il ne la lasse par la multiplicité de ses divisions et subdivisions et parfois ne l'étouffe sous les références.

A côté de ces ouvrages de caractère surtout technique et qui traitent presque exclusivement de ce que certains spécialistes nomment en effet la « technique de l'histoire » [10], il en est qui, négligeant cet aspect un peu terre à terre des choses et suivant la trace des philosophes — en particulier celle de Cournot —, s'appliquent à dégager les principes généraux auxquels doit répondre, à leur sentiment, l'œuvre de tout historien soucieux de science véritable. C'est cette préoccupation que reflètent les deux livres de Paul Lacombe, *De l'histoire considérée comme science* [11], et de M. Henri Berr, *La synthèse en histoire* [12].

Ces deux auteurs se présentent d'ailleurs moins comme des théoriciens de l'état de choses actuel que comme des réformateurs.

S'en prenant à l'empirisme des historiens de leur temps, ils se donnent pour tâche essentielle de leur révéler les méthodes propres à imprimer à leurs travaux la rigueur scientifique dont, à les entendre, elle serait en majeure partie dépourvue.

Disons le tout net : leur critique dépasse la mesure. Elle tend à condamner en bloc la plupart des résultats acquis, sans qu'on voie d'ailleurs toujours comment, dans la pratique, il conviendrait de procéder pour répondre enfin à leur attente. Leurs livres cependant ont donné à réfléchir. C'est notamment le mérite de Paul Lacombe d'avoir plus fortement marqué que ses devanciers l'obligation où se trouve placé l'historien d'opérer un tri sévère entre les faits, d'en établir la « hiérarchie », de bien y distinguer le général du particulier, le durable de l'occasionnel, le secondaire ou l'épisodique du fondamental ou du significatif. C'est aussi son mérite d'avoir, par une analyse serrée de la notion de cause, dégagé les diverses catégories de facteurs qui interviennent dans le déroulement des faits historiques, comme c'est celui de M. Henri Berr d'avoir mieux circonscrit le rôle respectif de la contingence et de la « nécessité », de la pensée et de la matière, du « collectif » et de l' » individuel », dans le jeu complexe des événements humains.

Mais, chez l'un et chez l'autre, il ne s'agit que de vues théoriques, et l'on ne peut s'empêcher de relever qu'aucun des volumes qui, sous le titre général *L'évolution de l'humanité*, composent la vaste collection historique dont le second d'entre eux a assumé la direction, ne porte — en dehors des préfaces où il lui arrive de rappeler lui-même quelques-uns de ses thèmes favoris la moindre marque des idées dont, soit dans ses livres, soit dans ses articles, il s'est fait depuis près d'un demi-siècle l'apôtre infatigable [13].

Au surplus, que l' » histoire-science » dont rêvait Paul Lacombe ou que la « synthèse » scientifique que prône M. Berr soient ou non du domaine des possibilités pratiques, nous nous éloignons insensiblement avec ces deux auteurs de la méthodologie proprement dite, pour en venir à la pure réflexion philosophique touchant la valeur, les limites et ce que certains appellent « la théorie » de l'histoire. Champ de réflexions indéfini, où se meuvent inlassablement les esprits les plus divers, sans qu'on puisse toujours bien distinguer le bénéfice qu'en peut tirer la science historique elle-même.

Ce fut longtemps le fief d'un historien roumain, A.-D. Xénopol. Sa *Théorie de l'histoire* [14] et les innombrables articles qu'il publia au début de ce siècle se résument en une suite de remarques plus ou moins judicieuses, mais de portée restreinte, sur les traits par lesquels l'histoire se distingue de la plupart des autres sciences. Bien d'autres depuis lors ont marché sur ses brisées, et parmi eux un professeur de l'Université de Californie, M. Fr. Teggart, en une série d'ouvrages [15], parmi lesquels nous retiendrons des *Prolégomènes à l'histoire* (1916) et une *Théorie de l'histoire* (1925).

Plus profondes sont les vues de philosophes comme les Allemands Dilthey, Rickert, Simmel, Max Weber [16] et quelques-uns de leurs émules d'Allemagne ou d'ailleurs. Les problèmes qu'ils ont agités sont parmi les plus délicats qui se posent à l'esprit de l'historien : celui de la sélection à opérer entre les faits, celui de leur interprétation, celui de leur liaison, celui de leurs rapports avec le présent, etc. Mais si ce sont là des problèmes fondamentaux aux yeux de l'historien, la façon de les poser et de les traiter est, dans les œuvres des penseurs que nous venons de citer, si abstraite et elle s'enveloppe de telles obscurités qu'un interprète n'est pas de trop pour en pénétrer le mystère. Un guide, heureusement, s'offre à nous en la personne de M. Raymond Aron, dont l'*Essai sur la théorie de l'histoire dans l'Allemagne contemporaine* [17] constitue une précieuse introduction à l'étude des philosophes allemands les plus représentatifs à ses yeux de cette école moderne de « théoriciens de l'histoire » [18].

Il faut bien dire toutefois que, pas plus que ses modèles, M. Aron n'est historien ni particulièrement curieux, semble-t-il, des problèmes de méthodes. Il s'en tient à la question préalable de la possibilité théorique d'une histoire dégagée de tout subjectivisme et prend d'ailleurs à ce sujet personnellement position dans un autre volume qu'il intitule *Introduction à la philosophie de l'histoire. Essai sur les limites de l'objectivité historique* [19].

L'intérêt de telles recherches, quand elles sont menées avec la vigueur d'esprit dont témoignent les livres d'un Rickert ou d'un Simmel est évident. Il est toutefois permis de regretter pareil manque de contact avec la pratique de l'historien. Les réflexions de philosophes de cette trempe nous instruiraient davantage si elles tenaient plus largement compte des enseignements que l'historien tire de sa propre expérience et si, partant du concret, sur lequel l'histoire s'édifie, elle ne s'élevait que par étapes jusqu'aux conclusions de caractère plus abstrait où la pensée du philosophe se réalise.

Le bilan qui précède peut sembler décevant. Il le serait en effet si l'on n'en tirait pas cette conclusion qu'en histoire comme en toute science, praticiens et théoriciens auraient avantage à travailler dans une entente plus étroite, les premiers pour ne pas courir le risque de passer sans les voir à côté des multiples difficultés que soulève l'exercice de leur métier ou de les trancher au petit bonheur, les seconds pour garder toujours contact avec le réel et servir ainsi plus efficacement la cause à laquelle ils se sont consacrés.

---

1. *Lehrbuch der historischen Methode* (Leipzig, 1889, in-8°).
2. La 5e édition a paru en 1908.
3. Paris, 1898, in-16. Ce volume a été réimprimé depuis lors sans changement.
4. P. XVI.
5. Dans un autre volume, sur *La méthode historique appliquée aux sciences sociales* (Paris, 1901, in-8°), M. Charles Seignobos a été amené à préciser et nuancer sa

pensée touchant la méthode historique en général, et il y a souvent beaucoup à prendre dans ses observations pénétrantes et d'un tour très personnel.

6. *De la méthode dans les sciences*, par H. Bouasse, P. Delbet, E. Durkheim, etc. (Paris, 1909 in-16), p. 319-362.
7. D'abord paru en 1933 ; 2e édition, revue et corrigée, Paris, 1935, in-16.
8. Paru en 1894, il y occupe les p. 121-150.
9. *Einführung in das Studium der Geschichte* (Tübingen, 1921, gr. in-8°).
10. Cf., entre autres, la *Historische Technik* du professeur danois K. Erslev (Munich et Berlin, 1928 in-8°), parue d'abord en danois sous le titre *Historisk Teknik* (1911).
11. Paris, 1894, in-8° ; réimprimé en 1930.
12. Paris, 1911, in-8°.
13. Dans un volume intitulé *Science et philosophie de l'histoire* (Paris, 1928, in-16), Henri Sée, bien connu par ses travaux d'histoire économique, a ébauché lui aussi, en quelque 250 pages, ce qu'il appelle une « théorie de l'histoire ». Mais il s'agit là moins d'une théorie personnelle que d'un exposé, d'ailleurs suggestif, des vues de ses devanciers (notamment Hegel, Auguste Comte, Cournot, Lacombe, Berr) touchant la philosophie de l'histoire, plus encore que l'histoire elle-même.
14. Paris, 1908, in-8°, refonte d'un ouvrage publié en 1894 sous le titre : *Principes fondamentaux de l'histoire*.
15. *Prolegomena to History. The relation of History to Literature, Phisosophy and Science* (Berkeley, 1916, in-8°) ; *The processes of History* (New Haven, 1918, in-16) ; *Theory of History* (New Haven, 1925, in-8°).
16. On trouvera une bibliographie détaillée de leurs ouvrages dans le premier des volumes de R. Aron cité ci-après.
17. Paris, 1938, in-8-. Le livre porte le sous-titre : *La philosophie critique de l'histoire*.
18. En dehors de l'Essai de R. Aron, on trouvera un exposé très poussé de l'histoire de la pensée philosophique appliquée à la science historique dans l'ouvrage considérable d'Ernst Troeltsch, *Der Historismus und seine Probleme* (Tübingen, 1922, in-8°). Une place y est faite aux vues des penseurs étrangers à l'Allemagne, et notamment à celles de Benedetto Croce, dont nous avons précédemment cité la *Teoria e storia della storiografia* (Bari, 1915, in-8°). Un aperçu plus sommaire figure dans l'*Einführung* de W. Bauer, citée plus haut.
19. Paris, 1938, in-8°.

Copyright © 2020 par FV Éditions
Design de la couverture : Canva.com, FVE
ISBN Ebook : 979-10-299-1079-1
ISBN Livre broché : 979-10-299-1080-7
ISBN Livre relié : 979-10-299-1081-4
Tous Droits Réservés

www.ingramcontent.com/pod-product-compliance
Lightning Source LLC
LaVergne TN
LVHW041538070526
838199LV00046B/1728